빛깔있는 책들 102-49

한국의 향교

글/김호일 ● 사진/유남해

대원사

김호일 ————————

중앙대학교 문리과대학 사학과와 동
대학 대학원에서 석사 과정을 마치고
단국대학교 대학원에서 문학박사 학
위를 취득하였다. 문교부 국사편찬위
원회 편사연구관·교육연구관과 관동
대학교 역사교육과 교수·한국정신문
화연구원 편수실장·독립기념관 한국
독립운동사연구소 소장을 거쳐 현재
중앙대학교 사학과 교수로 재직하고
있다. 『한국개항전후사』, 『한국근현대
이행기 민족운동』, 『조선 후기 향약연
구』(공저) 등의 저서와 「양성지의 관
방론」, 「조선 후기 향안에 대한 일고
찰」, 「조선 후기 향교조사보고」 등의
논문을 다수 발표하였다.

유남해 ————————

『진경산수화』, 『한국전통회화』, 『조선시
대고문서』, 『무등산』, 『전통 문양』, 『부
석사』, 『운주사』 등 많은 사진집을 제
작하였고 한국관광사진콘테스트에서
준우수상을 수상하였다. 현재 한국정신
문화연구원 민족문화편찬팀에 근무하
면서 포토에세이 등을 통해 활약하고
있다.

한국의 향교

한국의 향교

경주향교 대성전 앞뜰

향교의 기원

우리나라에서 학교(學校)는 이미 삼국시대부터 있었는데, 고구려의 '태학(太學)', 신라의 '국학(國學)' 등이 바로 그것이다. 그러나 이들 학교는 중앙에 설치된 관학(官學)으로 귀족의 자제를 교육시키던 일종의 관리 양성 기관의 성격을 가지고 있었다. 고구려의 '경당(扃堂)'에서는 서민의 자제들을 교육시켰던 것으로 보이지만 남아 있는 문헌 자료가 적어서 그 구체적인 실상은 확인할 수 없다.

각 지방에 학교가 생긴 것은 과거 제도가 시행되기 시작한 고려시대부터라고 할 수 있다. 그뒤 조선시대에 이르면 지방 학교를 대표하는 관학인 향교(鄕校)와 사립인 서원(書院)이 있었다. 이들 향교와 서원은 설립 주체나 배향(配享) 인물, 설립 시기 등에서 차이를 보이지만 형태나 기능 면에서 많은 공통점을 가지고 있어 쉽게 비교 설명할 수

향교와 서원 비교

	설립 주체	배향 인물	설립 시기	기능
향교	국가 (관학)	공자, 4성, 10철, 72현, 송조 6현, 우리나라 18현 등(일률적)	고려	교육 기관, 제향
서원	개인 (사학)	이황, 이이, 송시열 등 우리나라 명현(서원마다 다름)	조선(16세기 이후)	교육 기관, 제향

김산향교 전경

있다.

  일반적으로 향교는 공자(孔子)와 그 제자들의 제사를 지내면서 지방 자제들을 교육시키던 관립학교로 인식되고 있다. 그러나 처음에는 '지방 학교'라는 의미를 지녔으며, 이러한 의미에서 세워진 것으로 소학(小學), 주학(州學), 향학(鄕學), 상숙(庠塾) 등이 있었다.

  향교는 공자가 출현하기 훨씬 전부터 사용되어 온 개념으로, 중국에서는 『춘추좌전(春秋左傳)』 양공(襄公) 31년(B.C.542) 12월조에 "정나라 사람들은 향교에서 학문을 배우면서 정치하는 대신들을 비평했다(鄭人遊于鄕校以論執政)"라는 기록이 나온다. 우리나라는 『증보문헌비고(增補文獻備考)』에서 고려 태조 13년(930)에 왕이 서경(西京, 지금의 평양)에 행차하여 세웠다는 '학원(學院)'을 향학의 시초로 보고 있다. 그러나 향학을 향교의 전신으로 볼 수 있느냐에 대한 문제는 아직 분명히 해결되지 않고 있다.

이와는 대조적으로 『고려사(高麗史)』 인종 20년(1142) 2월조 "시험에 응시하는 지방 학생들은 계수관 향교의 도회(都會, 고려시대 매년

강릉향교 명륜당 일반적으로 향교는 공자와 그 제자들의 제사를 지내면서 지방 자제들을 교육시키던 관립학교로 인식되고 있다.

전국의 향교 현황

시도별	서울	부산	대구	인천	광주	대전	울산	경기	강원	충북	충남	전북	전남	경북	경남	제주	계
향교수	1	2	3	4	1	2	2	25	15	18	36	26	28	40	25	3	231

여름에 지방의 인재를 뽑았던 모임)에서 증명을 주도록 했다"는 기록에서 향교가 처음으로 나타나고 있다. 이미 인종 5년(1127)에 전국의 주(州)에 향학을 세우도록 조서를 내린 적이 있고, 각 군현(郡縣)에 학교가 설립되었다는 사례가 나타남을 고려할 때 이 시기를 향교의 설립 시기로 보는 것이 타당하다.

이렇듯 향교는 고려조에 설립되었으나 무신집권기와 몽고와 왜의 침입 등으로 인하여 제대로 운영되지 못하다가, 고려 말에 지방관과 유생들의 노력에 의해 점점 그 기능을 회복하고 숫자도 증가하였다. 그뒤 조선이 건국되면서 향교는 전국적으로 확산되었다. 즉 국가의 지도 이념으로 채택된 성리학을 모든 백성에게 보급시키기 위한 '1읍 1교(一邑一校)'의 원칙에 따라 전국의 모든 군현에 향교를 건립하게 된 것이다. 『세종실록(世宗實錄)』「지리지(地理志)」는 당시 전국 329개 고을에 향교가 건립되었음을 보여 주고 있다.

또한 향교들은 그 군현과 운명을 같이하였다. 즉 군현이 없어지면 향교도 폐교되었고, 새로운 군현이 생기면 더불어 향교도 세워졌다. 가장 최근에 세워진 향교는 충청남도 보령시 오천면에 있는 오천향교(鰲川鄉校)로 1901년에 세워진 것이다.

오늘날 우리가 볼 수 있는 향교는 대부분 임진왜란과 병자호란 때 불타 없어졌던 것을 조선 후기에 중건한 것이다. 현재까지 한반도에 남아 있는 향교는 남한에 231개가 있으며, 북한에도 1950년 이전까지 많은 수가 남아 있었으나 그 이후의 상황에 대해서는 알 수 없다.

건물의 구성과 배치 형식

향교의 입지

오늘날 우리는 주위에서 교촌(校村), 교동(校洞), 향교동(鄕校洞), 교운리(校雲里), 교성리(校星(城)里), 교흥리(校興里), 교월리(校月里), 교원리(校院里), 대교리(大校里), 교사리(校土里), 교평리(校平里), 교현동(校峴洞) 등의 이름을 쉽게 접할 수 있다. 이들의 공통점은 이름에 학교를 나타내는 교(校)자가 들어 있다는 것이며, 이것은 그곳에 오래 전부터 학교가 있었기 때문에 이름붙여진 것이 행정 구역명으로 굳어진 것이다. 물론 이때 학교라는 것은 향교를 말한다. 지금은 비록 이들 지역에 향교 건물이 없다 해도 이전에는 있었으며, 혹은 새로 지을 때 다른 곳에 옮겨졌다.

향교는 관학이기 때문에 기본적으로 수령(守令)이 통치하는 관아에서 멀지 않은 곳에 위치한다. 『신증동국여지승람(新增東國輿地勝覽)』의 기록을 보면 대부분 관아에서 불과 몇 리 떨어지지 않은 곳에 향교가 위치하였음을 알 수 있다. 이것은 사립 교육 기관인 서원이 수령의 간섭에서 벗어난 한적한 곳, 경치가 수려한 곳에 위치하는 것과 대조를

나주향교 대성전과 주춧돌 주춧돌에는 연꽃무늬가 새겨져 있는데, 이것은 조선시대에 숭유억불정책에 따라 사찰들이 헐리면서 그 석재를 옮겨 사용한 흔적으로 여겨진다. (오른쪽, 아래)

이룬다. 따라서 향교가 있었던 곳은 당시 도회지였음을 알 수 있다.

한편 처음에는 향교 건물이 없더라도 가정집에서 스승을 두고 학생을 가르친 경우도 있으며, 관아나 퇴락한 사찰을 이용하기도 하였다. 특히 조선의 건국과 더불어 숭유억불(崇儒抑佛) 정책에 따라 많은 사찰이 헐렸는데, 이때 사찰의 재목을 향교 짓는 데 사용하였다. 예를 들어 나주향교와 창평향교의 대성전(大成殿) 주춧돌에는 연꽃무늬가 새겨져 있는데, 이것은 가까운 곳의 사찰이 헐리면서 석재를 옮겨 사용했음을 단적으로 보여 주는 것들이다. 또 경상북도의 고령향교에서도 사찰에서 사용한 듯한 석재가 이용된 것을 확인할 수 있다.

대성전과 동·서무

향교 건물은 크게 선현에 제사지내는 배향 공간과 학생을 가르치는 교육 공간으로 나누어지며, 두 공간 사이는 담을 쌓아 구분하는 것이 일반적이다. 이러한 구조가 언제부터 정착되었는지 확실하지 않지만 고려시대에는 배향 공간과 교육 공간이 한 건물 안에 있었던 것으로 보인다. 이것은 당시 향교의 목적이 교육에 있었고, 배향은 부수적인 의미였다는 것을 말해 준다. 그러나 조선이 건국되고 국가의 지도 이념으로 성리학(性理學)이 숭상되자 유학의 상징인 공자를 모시는 대성전이 별도 공간으로 독립하여 배향의 기능이 한층 강화된 듯하다.

배향 공간에는 공자의 사당인 대성전을 중심으로 그 앞 좌우에 동무(東廡)와 서무(西廡)가 있다. 대성전은 대성(大成)을 의미하는 공자의 위패를 모시던 건물에서 유래를 찾을 수 있는데, 시대가 지나면서 4성과 공자의 제자 등도 함께 봉안하게 되었다. 즉 대성전에는 공자뿐 아니라 안자·증자·자사·맹자 등 네 명의 성인[四聖], 공자의 수제자

양주향교 대성전과 내부 모습 대성전은 대성을 의미하는 공자의 위패를 모시던 건물에서 유래를 찾을 수 있는데, 현재는 4성과 공자의 제자들도 함께 봉안하고 있다. (왼쪽, 아래)

열 명[十哲], 주돈이·정호·정이·소옹·장재·주회 등 송나라 6현 [宋朝六賢]의 위패를 봉안한다. 그리고 동무와 서무에는 공자의 문하 72현[孔門七十二賢], 한·당·송·원나라의 22현[漢唐宋元二十二賢], 우리나라의 18현[東國十八賢]을 모신다.

조선시대에는 각 읍의 크기에 따라 향교의 규모도 다르게 나타난다. 향교는 그 크기에 따라 대설위(大設位), 중설위(中設位), 소설위(小設位)로 구분하는데, 이에 따라 앞에서 나열한 선현의 위패를 모시는 숫자도 차이가 난다.

대설위는 대성전에 공자와 4성·10철·송조 6현의 위패를 모시고, 동·서무에 공문 72현·한당송원 22현·우리나라 18현을 봉안하는 것으로, 전주·강릉·경주·상주 등 관찰사가 머무는 큰 읍에만 설치하였다. 중설위는 대성전에 공자와 4성·10철·송조 6현을, 동·서무에 우리나라 18현을 봉안하였으며, 부(府)·목(牧)·도호부(都護府) 등 비교적 큰 읍에 설치하였다. 또 소설위는 공자와 4성·송조 4현(주돈이, 정호, 정이, 주회)을 대성전에 모시고, 동·서무에는 우리나라 18현을 배향하는 형태를 취하며 군이나 현 등 작은 읍에 설치하였다.

그런데 1949년 유도회(儒道會)에서 우리의 문묘(文廟)에 중국의 10철·72현·22현까지 봉안하는 것은 사대(事大) 사상의 표현이라 하여 공자와 4성, 송조 2현(정호·주회) 외의 위패는 없애고 우리나라의 18현을 대성전에 함께 배향하기로 결의하였다. 그러다가 1961년에 공문 10철과 송조 4현을 복위시킴으로써 오늘날 대부분의 향교가 이에 따르고 있다. 현재 문묘에 배향된 인물은 다음과 같다.

문선왕(文宣王) 공자(孔子, B.C.552~B.C.479년)

중국 춘추(春秋)시대의 교육자이며 철학자, 정치사상가, 유교 창시자이다. 공부자(孔夫子)라고도 하며 본명은 구(丘), 자는 중니(仲尼)

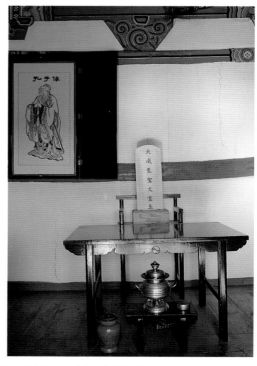

천안향교 공자상 및 위패 중국 춘추시대의 교육자이며 철학자, 정치사상가, 유교 창시자이다. 그는 인간이 되는 데 반드시 필요한 것이 효이며, 인간이 지녀야 할 최고 덕목인 인도 효를 통해 얻어진다고 보았다.

로 노(魯)나라 창평향(昌平鄕) 추읍(陬邑), 지금의 산동성(山東省) 추현(鄒縣) 노원촌(魯原村)에서 태어났다. 아버지는 숙량흘(叔梁紇)이며, 어머니는 안징재(顔徵在)로 니구산(尼丘山)에서 공자를 낳았기 때문에 이름을 구로, 자를 중니라 한 것이다. 그는 3세 때 아버지를 여의고 어머니에게 학문을 배웠으며, 위리(委吏, 창고 관리)와 승전리(乘田吏) 등 말단 관리로 근무하기도 하였다.

공자의 스승이 누구였는지는 알 수 없으며, 예(禮)·악(樂)·사(射, 활쏘기)·어(御, 기마술)·서(書)·수(數, 수학) 등 육예(六藝)에 능통하고 역사와 시(詩)에 밝았기 때문에 30대에 이미 훌륭한 스승으로 명성을 날리기 시작하였다. 공자는 40대 말에 장관이 되었고, 재판관인 대사구(大司寇)가 되는 등 정치라는 통로를 통해 인본주의(人本主義)를 실현시키려고 노력하였다.

그러나 그의 정치 활동은 당시 세도가인 계손자(季孫子) 가문의 견제를 받았고,

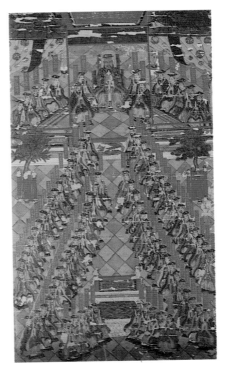

대성지성문선왕전좌도

왕의 측근과도 마찰을 빚게 되었다. 그리하여 공자는 56세 때 주위에서 자신의 정책을 지지하지 않는다는 것을 깨닫고 자신의 이상을 펼 수 있는 나라를 찾기 위해 길을 떠났다. 중국을 돌아다닌 12년 동안 많은 제자들이 뒤를 따랐고, 67세 때에 고향으로 돌아와 제자들을 가르치며 저술에 몰두하다가 73세에 세상을 떠났다.

역대 군주가 시호(謚號)를 내렸는데, 송(宋) 진종(眞宗) 때 지성문선왕(至聖文宣王), 원(元) 무종(武宗) 때 대성을 더하여 봉했으며, 명(明) 세종(世宗) 때인 1530년에는 지성선사(至聖先師)에 봉했다. 우리

나라에서는 대성지성문선왕(大成至聖文宣王)이라 일컫고 있다.

공자는 인간이 되는 데 반드시 필요한 것이 효(孝)이며, 인간이 지녀야 할 최고 덕목인 인(仁)도 효를 통해 얻어진다고 보았다. 또 자기 수양을 사회 질서의 바탕으로 삼고 국가를 안정시켜 천하를 평화롭게 만드는 것을 이상적인 목표로 여겼다. 제자들이 구전(口傳)과 문서로 된 공자의 말을 모아 편집한 『논어(論語)』에 그의 정신이 잘 나타나 있다.

4성

안자(顔子, B.C.514~B.C.483년)　　중국 춘추시대의 철학자로 본명은 회(回)이며, 자는 자연(子淵)이다. 아버지는 무요(無繇), 어머니는 강씨이며, 노나라에서 태어났다. 공자의 제자이며 공자보다 37년 아래이다. 안자는 학문을 좋아하여 덕행에 뛰어났고 거의 성인의 지위에 이르렀으나 32세에 세상을 떠났다. 원 문종(文宗) 때 연국복성공(兗國復聖公)에 봉해졌고 명 세종 때 복성안자(復聖顔子)라 개칭하였다.

증자(曾子, B.C.505~B.C.436년경)　　중국 춘추시대의 철학자로 본명은 삼(參)이며, 자는 자여(子輿)이다. 아버지는 증점(曾點)이며 노나라 남무성(南武城) 사람이다. 효행이 뛰어났으며, 공자의 제자로 공자보다 46년 아래이다. 공자가 세상을 떠날 때 26세였으며, 공자의 손자인 자사를 제자로 삼아 유학의 전통을 전하였고, 『대학(大學)』의 저자로 알려져 있다. 원 문종 때 성국종성공(郕國宗聖公)에 봉해졌고 명 세종 때 종성증자(宗聖曾子)라 개칭하였다.

자사(子思, B.C.483~B.C.402년)　　공자의 손자이며 공리(孔鯉)의 아들로 본명은 급(伋), 자는 자사이다. 어려서 증자의 문하에서 수업하였고 유학의 전통을 계승하였다. 『중용(中庸)』을 저술하였으며, 원 문종 때 기국술성공(沂國述聖公)에 봉해졌고 명 세종 때 술성자사자(述聖子思子)라 개칭하였다.

맹자(孟子, B.C.371～B.C.289년경)　　중국 전국(戰國) 시대의 철학자로 본명은 가(軻), 자는 자여(子與)·자거(子車 또는 子居)이다. 그는 공자가 태어난 노나라와 인접 국가인 추(鄒) 나라에서 태어났다. 그의 어머니는 아들의 교육을 위해 묘지, 시장, 학교 부근으로 세 번 이사했다는 맹모삼천(孟母三遷)의 고사로 유명하며, 중국인들 사이에서 전형적인 어머니상으로 숭배되어 왔다.

　맹자는 공자의 손자인 자사에게 배웠고, 한때 제(齊)나라의 관리로 일한 적도 있으며, 각국을 돌아다니면서 제후들에게 인에 의한 정치를 베풀 것을 조언하였다. 그러나 당시는 세상이 어지러웠기 때문에 선정(善政)에 바탕을 둔 왕도 정치(王道政治)를 실현하려는 그의 노력은 실패하였다.

맹자는 자신의 통치 철학을 실천하고자 하는 제후가 한 명도 없음에 좌절하고 고국에 돌아와 후학을 가르치며 여생을 보냈다. 『맹자』는 제자들이 그의 언행을 기록한 것으로 그의 핵심 사상인 인간의 성선설(性善說)을 주장하고 있다.

맹자는 공자의 유학을 계승 발전시킴으로써 공자와 함께 유교의 공동 창시자로 평가되며, 공자 다음의 성인으로 존경받아 왔다. 송 신종(神宗) 때 추국공(鄒國公)으로 추봉(追封, 죽은 사람에게 관직 등을 내림)되고 공자묘에 배향하였으며, 원 문종 때 추국아성공(鄒國亞聖公)에 봉해졌고 명 세종 때 아성맹자(亞聖孟子)라 개칭하였다.

10철

민손(閔損)　　자는 자건(子騫)이며, 노나라 사람으로 공자보다 15

10철 위패(일부) 10철은 공자의 수제자 열 명을 이르는 것으로 공자와 함께 대성전에 봉안되어 있다. 왼쪽부터 전손사, 염구, 재여, 염경의 위패이다.

년 아래이다. 효성이 지극하여 계모와 형제들을 돌보았으므로 공자가 '효재 민자건(孝哉 閔子騫)'이라 하였다. 공문의 네 가지 학과(덕행, 언어, 정치, 문학) 가운데 덕행에 으뜸이 되어 안민(顔閔)으로 불리워지다가 당(唐) 현종(玄宗) 때인 720년 비공(費公)에 봉해졌다.

　　염경(冉耕)　　자는 백우(伯牛)로 노나라 사람이다. 공자의 제자 가운데 안민 다음으로 평가되며, 악질(惡疾)로 죽을 때 공자가 손을 잡고 병으로 죽음을 탄식하였다. 당 현종 때 운공(鄆公)에 봉해졌다.

　　염옹(冉雍)　　자는 중궁(仲弓)이며, 노나라 사람으로 공자보다 29년 아래이다. 사람됨이 훌륭하여 임금의 도량이 있으므로 공자가 "염옹은 제후가 될 만하다"고 하였고, 공문의 덕행과에 1인자로서 안민과 쌍벽을 이루었다. 당 현종 때 설공(薛公)에 봉해졌다.

　　재여(宰予)　　자는 자아(子我)로 노나라 사람이다. 공문의 언어과에 자공(子貢)과 쌍벽을 이루었으나 말이 지나친 점이 있었다. 당 현종 때 제공(齊公)에 봉해졌다.

　　단목사(端木賜)　　자는 자공이며, 위(衛)나라 사람으로 공자보다 31년 아래이다. 공문 네 과목 중 언어에 능하고 재주가 뛰어났다. 당 현종 때 여공(黎公)에 봉해졌다.

　　염구(冉求)　　자는 자유(子有)이며, 노나라 사람으로 공자보다 29년 아래이다. 재주가 많았고 공문 중 정치과에 능하였다. 당 현종 때 서공(徐公)에 봉해졌다.

　　중유(仲由)　　자는 자로(子路)이며 노나라 사람으로 공자보다 9년 아래이다. 당 현종 때 위공(衛公)에 봉해졌다.

　　언언(言偃)　　자는 자유(子遊)이며, 오(吳)나라 사람으로 공자보다 45년 아래이다. 문학에 능했으며, 당 현종 때 오공(吳公)에 봉해졌다.

　　복상(卜商)　　자는 자하(子夏)이며, 위나라 사람으로 공자보다 44년 아래이다. 증자 이후 가장 뛰어났고, 공문의 네 과목 중 문학에 능하였다. 공자가 죽은 뒤 서하(西河)에서 은거하다가 위나라 문후(文侯)의 스승이 되었으며, 당 현종 때 위공(魏公)에 봉해졌다.

전손사(顓孫師)　　자는 자장(子張)이며, 진(陳)나라 사람으로 공자보다 48년 아래이다. 당 현종 때 영천후(潁川侯)에 봉해졌다.

송조 6현

주돈이(周敦頤, 1017~1073년)　　송나라 도주(道州) 사람으로 자는 무숙(茂叔)이었으나 왕의 이름과 같아 후에 돈이(敦頤)로 고쳤다. 호는 염계(濂溪)이며, 57세에 세상을 떠났다. 1241년 문묘에 종사(從祀)되고 도국공(道國公)에 봉해졌다.

정호(程顥, 1032~1085년)　　주돈이의 제자이며, 자는 백순(伯淳), 호는 명도(明道)로 송나라 하남(河南) 사람이다. 54세에 세상을 떠났으며 송 영종(寧宗)대에 순공(純公)이라는 시호가 내려졌고, 1241년 문묘에 종사되고 예국공(豫國公)에 봉해졌다.

정이(程頤, 1033~1107년)　　자는 정숙(正叔)이며 호는 이천(伊川)으로 정호의 동생이다. 18세에 인종에게 상소하여 마음〔心〕을 왕도로 삼을 것을 권하였다. 철종이 즉위한 뒤 사마광(司馬光)의 추천을 받아 관직에 나갔으며 75세에 세상을 떠났다. 1241년 문묘에 종사되고 낙국공(洛國公)에 봉해졌다.

소옹(邵雍, 1011~1077년)　　자는 요부(堯夫)이며, 호는 강절(康節)로 하남 사람이다. 소옹의 학문은 주자와 다소 차이가 있으나 정호가 그의 학문을 '내성외왕(內聖外王)의 학(學)'이라 하였다. 1267년 문묘에 종사되고 신안백(新安伯)에 봉해졌다.

장재(張載, 1020~1077년)　　자는 자후(子厚)이며, 호는 횡거(橫渠)로 대량(大梁) 사람이다. 정호와 정이 형제를 만나 학문을 배웠으며, 58세에 세상을 떠났다. 1241년 문묘에 종사되고 미백(郿伯)에 봉해졌다.

주희(朱熹, 1130~1200년) 자는 원회(元晦)이며, 호는 회암(晦菴)으로 휘주(徽州) 사람이다. 이동(李侗)에게 수학하고 성리학을 집대성한 학자이다. 71세에 세상을 떠났으며, 영종 때에 문공(文公)이라는 시호가 내려졌고, 1241년 문묘에 종사되고 휘국공(徽國公)에 봉해졌다.

동국 18현

설총(薛聰, 655~?년)　신라 경덕왕(景德王) 때의 대학자로 자는 총지(聰智)이며, 경주 태생이다. 그의 부친은 신라의 고승 원효대사(元曉大師)이며, 어머니는 요석공주이다. 『삼국유사(三國遺事)』를 통하여 그의 출생 기록을 보면 다음과 같다.

주희 영정 주희는 주돈이, 정호, 정이, 소옹, 장재 등과 함께 송조 6현으로 일컬어지며 성리학을 집대성하였다.

원효가 하루는 봄기운이 일어나 노래 부르며 거리에 이르니 태종무열왕이 그 노래를 듣고 "대사가 귀인을 얻어 현자를 낳을 것이다. 나라에 대현이 있으면 그 이로움이 막대하다"고 하였다. 그때 요석궁에 홀로된 공주가 있었는데 대사를 유인하여 머물게 하고 잉태하여 낳은 이가 설총이다.

이로 미루어 보면 설총은 무열왕(武烈王) 대에 태어난 듯하다. 설총은 어려서부터 총명하여 널리 경사(經史)에 능했으며, 신라 10현(新羅十賢)의 한 사람이요, 강수(强首, 생몰년 미상)·최치원과 함께 신라의 3문장으로 꼽히고 있다. 특히 이두(吏讀)를 집대성하여 정리한 것은 국문학계의 커다란 업적으로 평가받고 있다. 719년에「감산사 아미타여래조상기(甘山寺阿彌他如來造像記)」를 지었고, 우화로 임금을 일깨웠다는 산문 '화왕계(花王戒)'가『삼국사기(三國史記)』「열전(列傳)」에 실려 있으며, 『동문선(東文選)』에는 '풍왕서(諷王書)'라는 이름으로 수록되어 있다. 고려 현종(顯宗) 13년(1022)에 홍유후(弘儒侯)라는 시호가 추증(追贈, 나라에 공로가 있는 벼슬아치가 죽은 뒤 그 벼슬을 높여줌)되었고, 문묘에도 배향되었다.

최치원(崔致遠, 857~?년)　　신라 말기의 학자이자 문장가로 자는 고운(孤雲)·해운(海雲)이며, 경주 최씨(慶州崔氏)의 시조이다. 868년 당나라에 유학하여 874년 과거에 장원 급제하고 승무랑시어사내공봉(承務郎侍御史內供奉)에 올라 자금어대(紫金魚袋)를 하사받았다. 879년 '황소의 난'이 일어났을 때「토황소격문(討黃巢檄文)」을 지어 난 평정에 큰 공을 세웠고, 28세 때(884년) 귀국하였다.

그뒤 한림 학사 겸 병부 시랑이 되었으나, 당에서 배운 경륜을 마음껏 펼쳐볼 기회가 되지 못함을 느끼고 지방 관리를 자원하였다. 대산(大山, 지금의 태인)·천령(天嶺, 지금의 함양)·부성(富城, 지금의 서산) 등의 태수를 역임하였고, 사신으로 당나라에 다녀온 일도 있다.

894년에는 시무책 10여 조를 올려 귀족의 부패와 지방 세력의 반란 등 사회 모순에 대한 구체적인 개혁안을 제시하였지만 받아들여지지 않았다. 신라 사회가 이미 자신의 정치적 이상을 실현시킬 수 있는 사회가 아니라는 것을 인식한 최치원은 어지러운 세상을 비관하며 각지를 유랑하였다. 만년에는 가야산 해인사에 들어가 머물렀으며, 언제 세

도동서원(道東書院)과 순천의 옥천서원(玉川書院) 등에 제향되며 저서로는『경현록(景賢錄)』,『한훤당집(寒暄堂集)』,『가범(家範)』등이 남아 있다.

정여창(鄭汝昌, 1450~1504년)　　조선 전기의 문신이자 학자로 본관은 하동(河東)이며, 자는 백욱(伯勗), 호는 일두(一蠹)이다. 어려서 아버지를 여의고 혼자 독서에 힘쓰다가 김굉필과 함께 김종직의 문하에서 수학하였으며, 한때 지리산에 들어가 오경(五經)과 성리학을 연구하였다. 1483년 진사(進士)가 되었고, 1490년 문과에 급제하여 예문관 검열을 거쳐 세자인 연산군을 가르쳤다. 1495년 안음현감에 임명되어서는 선정을 베풀어 백성들에게 칭송을 들었다. 1498년 무오사화 때 함경도 종성에 유배되었다. 그가 죽은 뒤 1504년, 갑자사화가 일어나자 부관참시(剖棺斬屍, 관 속의 시체를 꺼내어 다시 죽임)되었다.

그는 당시 성리학의 대가로 추앙을 받았고, 경사에 통달했으며, 역행(力行) 실천을 위한 독서에 전념하였다. 중종 때 우의정에 추증되었고 광해군 2년(1610)에 문묘에 배향되었다. 또한 나주의 경현서원(景賢書院)과 함양의 남계서원(藍溪書院) 등에 제향되었다. 시호는 문헌(文獻)이며, 저서로『용학주소(庸學註疏)』,『주객문답설(主客問答說)』,『진수잡저(進修雜著)』등이 있었으나 무오사화 때 부인이 모두 소각하였고 정구(鄭逑)의『문헌공실기(文獻公實記)』에「일두유집(一蠹遺集)」이 전해지고 있다.

조광조(趙光祖, 1482~1519년)　　조선 중기의 문인으로 본관은 한양(漢陽)이며, 자는 효직(孝直), 호는 정암(靜庵)이다. 17세 때 아버지의 부임지에 따라갔다가 희천에 유배중이던 김굉필에게 학문을 배웠다.『소학』,『근사록(近思錄)』등을 토대로 성리학 연구에 힘써 김종직의 학통을 이은 사림파의 우두머리가 되었다.

1510년 진사가 되었고 1515년에 문과에 급제하였다. 이후 중종의 두

터운 신임을 얻었으며, 유교로써 정치와 교화의 근본을 삼아야 한다는 왕도 정치의 실현을 역설하였다. 1517년에는 향촌의 상호 부조를 기본으로 하는 향약(鄕約)을 8도에 실시하게 하였고, 이듬해에는 미신 타파를 위하여 소격서(昭格署)를 없앴다. 또한 과거시험을 치르지 않고 추천을 받아 관직에 등용하는 현량과(賢良科)를 실시하여 신진사류들을 요직에 배치하는 한편 반대 세력인 훈구파를 지방직으로 몰아냈다. 특히 중종반정 때 정국공신이 너무 많다 하여 공신의 4분의 3에 해당하는 76인의 훈작(勳爵)을 박탈하였다.

이러한 급진적인 개혁은 훈구파의 강력한 반발을 불러일으키게 되었다. 훈구파들은 '주초위왕(走肖爲王)' 사건을 조작하여 조광조 일당을 탄핵하였고, 급진 개혁에 염증을 느끼던 중종은 훈구파를 지지하게 되었다. 그리하여 조광조는 전라도 능주에 유배되었다가 곧바로 사약을 받고 세상을 떠났다. 이때 조광조를 비롯하여 수많은 사람들이 화를 입었는데, 이를 기묘사화(己卯士禍)라 한다. 결국 사림파가 훈구 세력을 축출하고 새로운 정치 질서를 이루려던 계획은 실패하였다. 이것은 이들이 정치적 경륜도 짧은데다 개혁을 급진적이고 과격하게 이루려다 노련한 훈구 세력의 반발을 샀기 때문이다.

그뒤 조광조는 선조 때에 이르러 신원되었고, 영의정에 추증되었다. 또 광해군 2년(1610)에는 성균관 유생의 상소로 문묘에 배향되었으며, 능주의 죽수서원(竹樹書院), 희천의 양현사(兩賢祠) 등에 제향되었다. 또한 선조 때에는 그의 무덤이 있는 용인 묘소 밑에 심곡서원(深谷書院)이 세워져 그를 봉안하였다. 시호는 문정(文正)이며 저서로『정암집(靜庵集)』이 있다.

이언적(李彦迪, 1491~1553년)　　조선 중기의 성리학자로 본관은 여주(驪州)이며, 자는 복고(復古), 호는 회재(晦齋) 또는 자계옹(紫溪翁)이다. 이수회(李壽會)의 손자, 이번(李蕃)의 아들이며, 어머니는 경주 손씨로 계천군(鷄川君) 손소(孫昭)의 딸이다. 이언적의 본래 이름은 이적(李迪)이었으나 나중에 중종의 명에 의해 언(彦)자를 앞에 붙였다.

이언적이 태어난 곳은 경주 양좌촌(良佐村)으로, 부친이 처음 이 터를 마련하여 살게 되었고, 그 이전에는 경주에 살았다고 한다. 회재는 외숙부인 손중돈(孫仲暾)에게서 글을 배웠으며 19세 때인 중종 8년(1513)에 생원 시험에 합격하였다. 이듬해 별시에 응시했을 때 감독관이었던 김안국(金安國)이 그의 문장을 보고 장차 왕을 보좌할 인물이라고 감탄하였다.

24세 때에 문과에 급제하여 사헌부 지평, 경상어사, 이조 정랑, 사헌부 장령, 밀양부사를 거쳐 1530년에는 사간원 사간(司諫院司諫)이 되었다. 이때 김안로(金安老)의 등용을 반대하다가 파직당하여 경주 자옥산(紫玉山)에 독락당(獨樂堂)을 짓고 학문 연구에 전념하다가 1537년 김안로가 축출되자 다시 관직에 나왔다. 그해에 홍문관의 응교(應敎), 교리(校理), 직제학(直提學)을 거치고 이듬해 전주부윤이 되어 선정을 베푼 끝에 백성들이 송덕비를 건립하였다. 이어 이조·예조·형조의 판서를 역임하고 1545년에 좌찬성(左贊成)이 되었을 때 을사사화(乙巳士禍)가 일어나 관직에서 물러났다.

1547년에 양재역 벽서 사건(良才驛僻書事件)에 연루되어 평안도 강계로 유배되었으며, 그곳에서『구인록(求人錄)』,『대학장구보유(大學章句補遺)』,『중용구경연의(中庸九經衍義)』,『봉선잡의(奉先雜儀)』등 많은 저술을 남기고 63세 되던 해에 세상을 떠났다. 조정에서는 영의정에 추증하고, 문원(文元)이란 시호를 내렸다. 또 광해군 2년에는 태학생 임숙영(任叔英)의 상소로 문묘에 배향되었으며, 1612년 마을사람들이 독락당 아래에 옥산서원(玉山書院)을 세우고 위패를 모시게 되었다.

이언적은 성리학을 정립한 선구자로 평가되며 성리학의 방향과 성격을 밝히는 데 중요한 역할을 하였다. 그는 스승 없이 독자적으로 학문을 수립했으며 주희의 주리론적(主理論的) 입장을 정통으로 확립하고자 노력하였다. 27세 때에는 영남의 학자인 손숙돈(孫叔暾)과 조한보(趙漢輔) 사이에서 논의되었던 무극태극논쟁(無極太極論爭)에 끼여들어 두 학자의 견해를 모두 비판함으로써 자신의 학문적 견해를 밝혔다. 그는 이 논쟁에서 주리론적 입장에서 이선기후설(理先氣後說)과 이기불상잡설(理氣不相雜說)을 강조하였는데, 이(理)가 기(氣)에 우선한다는 그의 견해는 이황에게 계승되어 영남학파 성립에 선구자가 되었다.

이황(李滉, 1501~1570년)　　조선 중기의 문신이며 학자로 본관은 진보(眞寶)이며, 자는 계호(季浩)·경호(景浩), 호는 퇴계(退溪)·퇴도(退陶)·도수(陶叟)·도옹(陶翁)이다.

경상북도 안동에서 좌찬성 이식(李埴)의 7남 1녀 가운데 막내로 태어났다. 27세 때 진사가 되었고, 34세에 문과에 급제한 뒤 호조 좌랑·홍문관 수찬 등을 역임하였다. 그뒤 조정이 어지러워지자 모든 관직을 사퇴하고 46세 때 낙동강 상류의 토계(兎溪)에 암자를 짓고 독서에 전념하였다. 이때 토계를 퇴계(退溪)라 고쳐 부르고 자신의 호로 삼았다. 그뒤에도 여러 번 조정의 부름을 받았으나 부패한 조정을 피하여 단양군수, 풍기군수 등 지방직을 자청하여 부임하였다. 특히 풍기군수로 있을 때 백운동서원(白雲洞書院)에 편액·서적·토지 등을 하사할 것을 요청, 실현시켰는데 이것이 사액(賜額) 서원의 시초가 된 소수서원(紹修書院)이다.

그뒤 관직에 수십 회 임명되었지만 사양하였으며, 도산에 서당을 짓고 독서와 저술에 전념하는 한편 제자들을 지도하였다. 67세에 선조의 부름을 받아 다시 한양으로 올라갔으나 69세에 귀향을 허락받았으며, 이듬해 세상을 떠났다. 조정에서는 영의정에 추증하고 문순(文純)이라

동국 18현 위패(일부) 우리나라의 유학자 18현을 봉안한 것으로 왼쪽부터 김굉필, 조광조, 이황, 이이, 김장생, 김집의 위패이다. 천안향교 소장.

는 시호를 내렸다. 또한 광해군 2년(1610)에 성균관 유생들의 상소로 문묘에 종향(從享)되었으며, 안동의 호계서원(虎溪書院), 단양의 단암 서원(丹巖書院) 등 전국 40여 개 서원에 배향되었다.

퇴계의 사상은 8년에 걸쳐 기대승(奇大升, 1527~1572년)과 논쟁을 벌인 사단칠정론(四端七情論)에 잘 나타나 있다. 그는 주자의 이기이 원론(理氣二元論)을 발전시켜 이(理)가 발하여 기(氣)가 따르는 것이 사단(四端)이며, 기가 발하여 이가 타는 것이 칠정(七情)이라고 하였 다. 즉 우주 만물은 이와 기의 이원적 요소로 구성되었다고 보았으며, 이는 절대적 가치를 가졌고 기는 상대적 가치를 가진 것이라 하였다. 그의 학풍은 이후 영남을 배경으로 한 퇴계학파를 형성한 것은 물론 일 본으로 건너가 일본 유학에 결정적인 영향을 끼쳤다.

저서로 『성학십도(聖學十圖)』, 『역학계몽전의(易學啓蒙傳疑)』, 『주 자서절요(朱子書節要)』, 『심경후론(心經後論)』 등이 있으며, 이이와 더불어 주자학을 집대성한 대유학자로 평가받고 있다.

김인후(金麟厚, 1510∼1560년)　조선 중기의 성리학자이자 문신으로 본관은 울산(蔚山)이며, 자는 후지(厚之), 호는 하서(河西) 또는 담재(湛齋)이다. 아버지는 참봉 김영(金齡)이며, 어머니는 옥천 조씨로 전라도 장성에서 태어났다. 열 살 때인 1519년에 김안국의 문하에서 『소학』을 배웠고, 1531년 사마시에 합격하여 성균관에서 공부하였다. 1540년 문과에 급제하여 곧 홍문관 박사·부수찬이 되어 세자를 가르쳤으며, 특히 기묘사화 때 죽음을 당한 제현(諸賢)들의 신원을 주장하였다. 1545년 을사사화가 일어나자 병을 핑계로 장성으로 낙향하였고, 이후 여러 차례 관직에 제수(除授, 추천을 받지 않고 벼슬을 줌)되었으나 모두 사양하였다.

51세로 세상을 떠나자 현종 때 이조 판서에 추증되고 문정(文正)이라는 시호가 내려졌다. 또 정조 20년(1796)에는 유생 홍준원(洪準源)의 상소로 문묘에 배향되었으며, 영의정에 추증되었다. 현재 장성의 필암서원(筆巖書院), 옥과(玉果)의 영귀서원(詠歸書院) 등에서 제향하고 있다. 저서로는 『하서집(河西集)』, 『주역관상편(周易觀象篇)』, 『서명사천도(西銘四天圖)』, 『백련초해(百聯抄解)』 등이 있다.

이이(李珥, 1536∼1584년)　조선 중기의 성리학자이며 정치가로 본관은 덕수(德水), 자는 숙헌(叔獻), 호는 율곡(栗谷)·석담(石潭)·우재(愚齋) 등이다. 강릉 오죽헌에서 태어났으며, 그의 아버지는 이원수(李元秀), 어머니는 신사임당(申師任堂)이다. 어려서부터 어머니에게 학문을 배웠고, 13세에 진사 시험에 합격하였다. 그러나 벼슬보다는 학문에 몰두했으며 16세 때 사임당이 세상을 떠나자 파주 자운산에 장례를 지내고 3년 동안 묘를 지켰다. 어머니의 죽음에 충격을 받은 율곡은 금강산에 들어가 '죽음이란 무엇인가'라는 진리를 깨닫기 위하여 정진하였다. 그러나 참선도량에 들어간 지 1년이 못 되어 하산한 다음 다시 유학에 전념하였다.

22세에 성주목사 노경린(盧慶麟)의 딸과 혼인하였고, 이듬해 처가에서 강릉으로 가는 도중에 예안(禮安)에 있던 이황을 방문하였다. 그해 과거에서 「천도책(天道策)」을 지어 장원 급제한 율곡은 이후 아홉 차례의 과거에서 장원하여 '구도장원공(九度壯元公)'이란 칭호를 들었다.

　처음 관직으로 호조 좌랑에 임명되었고, 33세 때 서장관으로 명나라에 다녀왔으며, 『명종실록(明宗實錄)』 편찬에도 참여하였다. 그뒤 율곡은 청주목사·사간원 대사간·황해도관찰사·사헌부 대사헌·이조 판서·형조 판서·병조 판서·좌찬성·판돈녕부사 등 요직을 두루 거쳤으며, 특히 병조 판서로 있으면서 서울에 2만, 각도에 1만씩 10만 명을 양병(養兵)하여 장차 외적의 침입에 대비하자는 '10만 양병설'을 주장하였다.

　그는 49세에 서울 대사동(大寺洞)에서 세상을 떠났으며, 파주 자운산에 묻혔다. 문성(文成)이란 시호가 내려졌고, 숙종 7년(1681) 태학생 이연보(李延普) 등의 상소로 문묘에 종향되었으며, 파주의 자운서원(紫雲書院), 강릉의 송담서원(松潭書院) 등 전국 20여 개 서원에 배향되었다.

　율곡은 조선 유학계에 이황과 더불어 쌍벽을 이루는 학자로 기호학파(畿湖學派)를 형성하였고, 이황의 이기이원론에 대하여 '기발이승일도론(氣發理乘一途論)'과 '이통기국(理通氣局)'을 주장하였다. 그는 학문을 민생 문제와 직결시켜 대동법(大同法)과 사창(社倉)을 실시할 것을 주장하였고, 동서 분당을 조정하기 위해 노력하였다. 저서로 『성학집요(聖學輯要)』, 『격몽요결(擊蒙要訣)』, 『기자실기(箕子實記)』, 『학교모범(學校模範)』 등이 『율곡전서』에 전하고 있다.

　성혼(成渾, 1535~1598년)　조선 중기의 성리학자로 본관은 창녕(昌寧)이며, 자는 호원(浩原), 호는 묵암(默庵)·우계(牛溪)이다. 서울 순화동에서 태어났으나 파주 우계에서 살았다. 17세 때인 1551년에 생원과 진사 시험에 모두 합격하였으나 병이 있어 벼슬을 포기하고 학문 연구에만 전념하였다. 파주에 유배되어 온 백인걸(白仁傑)의 문하에서 『상서(尚書)』를 배웠으며, 율곡과 사귀게 되면서 평생 가장 친한 벗이 되었다. 1568년 경기감사의 추천으로 전생서 참봉에 임명되고 이듬해 장원 서장원, 적성현감 등에 제수되었으나 부임하지 않았다. 임진왜란 중에는 세자의 부름으로 우참찬(右參贊)이 되었고, 좌참찬으로 있을 때 유성룡과 함께 일본과 화친(和親)을 주장하다가 선조의 미움을 받아 사 직하고 낙향하였다.

그가 죽은 뒤 1602년 기축옥사(己丑獄事)와 관련되어 관작(官爵)을 삭탈당했으나 1633년 회복되었고, 좌의정에 추증되었으며 문간(文簡) 이란 시호가 내려졌다. 또 숙종 7년에는 성균관 유생 이연보 등의 상소 로 문묘에 배향되었다. 1689년에 한때 배향에서 빠지기도 했으나 1694 년 다시 배향되었고, 파주의 파산서원(坡山書院), 여산의 죽림서원(竹 林書院) 등에서 제향되고 있다. 저서로는 『우계집(牛溪集)』, 『주문지결 (朱門旨訣)』, 『위학지방도(爲學之方圖)』 등이 있다.

김장생(金長生, 1548~1631년)　　조선 중기의 학자이자 문신으로 본관은 광산(光山)이며, 자는 희원(希元), 호는 사계(沙溪)이다. 1560 년 송익필(宋翼弼)로부터 사서(四書)와 『근사록』 등을 배웠고, 20세 무 렵에 이이의 문하에 들어갔다. 1578년 학행으로 천거(薦擧)되어 참봉, 교관(敎官), 현감 등을 지냈다. 임진왜란 때에는 호조 정랑으로 명나라 군사의 군량 조달에 공을 세웠고, 이후 남양부사와 안성군수를 역임하 였다. 계축옥사에 그의 동생이 관련되어 관직을 사퇴하고 연산으로 내 려가 학문에 전념하였다. 1623년 인조반정이 일어나자 장령에 임명되 어 집의, 공조 참의, 동지중추부사를 지냈다. 1627년 정묘호란 때는 의병을 일으켜 세자를 호위했으며 청나라와 화친하는 데 반대하였다. 이듬해 형조 참판에 임명되었으나 사퇴하고 고향에 내려가 교육에 전넘하였다.

과거를 거치지 않았고, 늦은 나이에 벼슬을 시작하여 요직이 많지 않았지만 인조반정 이후 서인의 우두머리 격으로 영향력이 매우 컸다. 송익필, 이이, 성혼의 학문적 영향을 받았으며, 특히 송익필의 영향으로 예론(禮論)을 깊이 연구하여 예학파(禮學派)의 한 주류를 형성하였다.

숙종 14년(1688) 문묘에 배향되었으며, 안성의 도기서원(道基書院), 연산의 돈암서원(遯巖書院) 등 10여 개 서원에 제향되었다. 시호는 문원(文元)이며, 저서로는 『상례비요(喪禮備要)』, 『전례문답(典禮問答)』, 『가례집람(家禮輯覽)』, 『의례문답(疑禮問答)』, 『예기기의(禮記記疑)』 등이 있다.

조헌(趙憲, 1544~1592년)　　조선 중기의 학자이며 문신, 의병장으로 본관은 배천(白川)이다. 자는 여식(汝式), 호는 중봉(重峯)·도원(陶原)·후율(後栗)이며 경기도 김포에서 태어났다. 이이와 성혼의 문하에서 수학하였으며, 1567년 문과에 급제하고 정주교수를 거쳐 교서관 박사로 있으면서 왕이 사찰에 향을 하사하는 것을 반대하다가 삭탈관직당했다. 1574년에는 명나라에 다녀왔으며, 호조 좌랑·이조 좌랑을 역임하고 통진현감 재직시 죄인을 엄히 다스리다 죽인 죄로 탄핵을 받고 부평에 유배되었다. 1586년 공주제독관이 되어 이이와 성혼 등을 추착(推捉, 죄를 들추어서 붙잡아 옴)하려는 동인(東人)에 반대하는 상소를 했다가 파직당했다.

관직에서 물러난 뒤 옥천에서 후율정사(後栗精舍)를 짓고 후진 양성과 학문 연구에 전념하였다. 1591년 일본 사신이 오자 도끼를 짊어지고 상경, 대궐 앞에서 사신 처단과 일본의 침략에 대비한 국방력 강화를 주장했으나 받아들여지지 않았다. 임진왜란이 일어나자 옥천에서 의병을 일으켜 승장(僧將) 영규(靈圭)와 합세하여 청주성을 탈환하였다. 이어 전라도로 향하는 일본군과 금산(錦山)에서 싸우다가 7백 의

병과 함께 전사하였다.

1604년 선무원종공신(宣武原從功臣) 1등에 책봉(冊封)되고, 1734년 영의정에 추증되었다. 고종 20년(1883) 문묘에 배향되고 옥천의 표충 사(表忠祠), 김포의 우저서원(牛渚書院) 등에 제향되었다. 시호는 문 열(文烈)이다. 율곡의 제자 가운데 가장 뛰어난 학자로 평가되며 이이 의 학문을 계승, 발전시켰다.

김집(金集, 1574~1656년) 조선 중기의 문신이자 학자로 본관은 광산(光山)이며, 자는 사강(士剛), 호는 신독재(愼獨齋)이다. 18세 때 진사가 되고 37세에 참봉이 되었다가 광해군의 문란한 정치로 은퇴하 였다. 1523년 인조반정 뒤 부여현감으로 등용되고 지평, 집의, 공조 참의 등을 역임하다가 인조 중기 이후 퇴직하였다. 효종이 즉위하자 김 상헌(金尙憲) 등과 함께 다시 등용되어 예조 참판과 사헌부 대사헌을 거쳐 이조 판서가 되어 효종과 함께 북벌을 계획하기도 하였다. 80세 에 좌참찬을 거쳐 이듬해에는 판중추부사에 임명되었으나, 초야(草野) 에 묻혀 아버지인 김장생의 학문을 이어받으려고 노력하였다.

그는 이이와 김장생의 학통을 이어받아 송시열에게 전해 줌으로써 기호학파를 형성하는 데 공헌하였으며, 예론을 깊이 연구하여 예학의 체계를 세웠다. 고종 20년(1883)에 영의정에 추증되고 문묘에 배향되 었으며, 연산의 돈암서원, 부여의 부산서원(浮山書院) 등에 제향되었 다. 시호는 문경(文敬)이며, 저서로는 『신독재문집(愼獨齋文集)』, 『의 례문해속(疑禮問解續)』 등이 있다.

송시열(宋時烈, 1607~1689년) 조선 중기의 학자이자 문신으로 본관은 은진(恩津)이며, 자는 영보(英甫), 호는 우암(尤庵)·우재(尤 齋)이다. 아버지는 송갑조(宋甲祚)이며, 어머니는 곽자방(郭自防)의 딸로 충청도 옥천에서 태어나 그곳에서 26세 때까지 살았다. 어려서는 아버지한테 학문을 배웠고, 김장생·김집 부자의 문인으로 학업을 마

송시열 영정 송시열은 문장과 서체에 뛰어났으며, 조광조, 이이, 김장생으로 이어진 기호학파의 학통을 충실히 계승 발전시켰다.

쳤다. 27세 때 생원과 진사 시험에서 장원 급제하여 봉림대군(鳳林大君, 뒤에 효종)의 사부가 되었으나, 병자호란으로 왕이 치욕을 당하고 세자가 끌려가자 좌절한 나머지 벼슬을 사양하고 낙향, 10여 년 동안 학문에만 몰두하였다.

효종이 즉위한 뒤에는 이조 판서가 되어 북벌 계획의 핵심 인물로 활약하였다. 그러나 1659년 효종이 급서하고 예송(禮訟) 논쟁이 일어나자 벼슬을 버리고 재차 낙향하였다. 이후 1668년 우의정, 1673년 좌의정에 임명되어 잠시 조정에 나갔을 뿐 거의 관직을 단념하였다. 이렇듯 재야에 은거해 있으면서도 막대한 정치적 영향력을 행사할 수 있었던 것은 조정의 대신들이 서인의 우두머리인 송시열의 의견을 물은 뒤 매사를 결정했기 때문이었다. 그러다가 제자 윤증(尹拯)과의 사이에 불화가 생겨 서인은 노론(老論)과 소론(小論)으로 나누어졌고, 1689년 장희빈의 아들을 세자로 책봉하는 문제에 반대 상소를 올렸다가 제주도로 유배된 뒤 서울로 압송 도중 정읍에서 사약을 받고 죽었다.

1694년 다시 서인이 정권을 잡게 되자 관작이 회복되고 이듬해에는 문정(文正)이라는 시호가 내려졌다. 영조 32년(1756)에 문묘에 배향되었으며, 현재 전국의 70여 개 서원에서 그를 제향하고 있다. 그는 독선적이고 강직한 성품의 소유자로 한번 잘못되면 끝까지 화합하지 못하는 경우가 많았다. 문장과 서체에도 뛰어났으며, 조광조·이이·김장생으로 이어진 기호학파의 학통을 충실히 계승 발전시켰다. 『주자대전차의(朱子大全箚疑)』, 『주자어류소분(朱子語類小分)』, 『이정서분류(二程書分類)』, 『주문초선(朱文抄選)』, 『계녀서(戒女書)』를 비롯하여 방대한 저술을 남겼으며, 문집으로는 『송자대전(宋子大全)』이 있다.

송준길(宋浚吉, 1606~1672년)　조선 중기의 문신이자 학자로 본관은 은진이며, 자는 명보(明甫), 호는 동춘당(同春堂)이다. 어려서는 율곡에게서 배웠고 20세 때 김장생의 문하생이 되어 송시열과 동문 수학하였다. 1624년 진사가 되었으나 이후 거의 관직에 나가지 않았다. 1659년 병조 판서가 되어 국정에 참여하던 중 효종이 죽고 예송 논쟁이 일어나자 송시열의 기년설(朞年說)을 지지하여 남인과 대립하였다. 이조 판서·대사헌·좌참찬 등에 제수되었으나 계속 사퇴하였고, 그가 죽은 뒤인 1673년에 영의정에 추증되었다.

이듬해 효종비가 죽고 2차 예송 논쟁으로 남인(南人)이 정권을 잡게 되자 관작을 삭탈당하였고, 1680년 서인이 재집권하면서 복구되었으며, 1681년에는 문정(文正)이라는 시호가 내려졌다. 영조 32년(1756)에 문묘에 배향되었으며, 공주의 충현서원(忠賢書院), 연기의 봉암서원(鳳巖書院) 등에 제향되었다. 그는 송시열과 학문 경향을 같이하여 율곡의 학설을 지지하였고, 특히 예학에 밝았다. 저서로는『어록해(語錄解)』,『동춘당집(同春堂集)』이 있다.

박세채(朴世采, 1631~1695년)　　　조선 중기의 학자이자 정치가로 본관은 반남(潘南)이며, 자는 화숙(和叔), 호는 현석(玄石)·남계(南溪)이다. 그의 가문은 명문 세족으로 증조부로부터 대사헌, 형조 판서, 홍문관 교리를 지냈으며, 박세당(朴世堂)·박태유(朴泰維)·박태보(朴泰輔) 등도 그의 혈족이다. 그는 이러한 가계를 바탕으로 주요 관직에 나아가 정치에 참여하였으며, 때에 따라 수난을 겪기도 하였다.

1649년 진사가 되었으나 이이, 성혼의 문묘 종사를 반대한 영남 유생 유직(柳稷)의 상소를 비판하는 글을 올렸다가 효종의 비답(批答, 상소에 대한 임금의 하답)에 분개하여 과거의 뜻을 버리고 학문에 전념하였다. 1651년 김상헌과 김집에게 학문을 배웠고, 1659년에 천거로 다시 관직에 나갔다. 효종이 죽고 복제(服制) 문제가 대두되었을 때 송시열, 송준길의 기년설을 지지하여 서인측의 이론가가 되었다. 1674년 2차 예송 논쟁 때 관작을 삭탈당하고 양근, 지평, 원주, 금곡 등으로 유배 생활을 하는 동안 오히려 학문에 전념하는 계기가 되었다.

1680년 서인이 재집권하면서 다시 등용되어 사헌부 집의에서 공조 참판, 대사헌, 이조 판서 등을 거쳐 우참찬에 이르렀다. 1684년 서인이 노론과 소론으로 분당될 때 양당의 대립을 막으려고 노력했으나 결국 소론의 편에 서게 되었고, 송시열이 세상을 떠난 뒤에는 우의정·좌의정을 거치며 소론의 우두머리가 되었다. 영조 41년(1765) 왕의 특명으로 문묘에 배향되었고, 배천의 문회서원, 연안의 비봉서원에도 제향되었다. 시호는 문순(文純)이고,『범학전편(範學全編)』,『시경요의(詩經要義)』,『춘추보편(春秋補編)』,『육례의집(六禮疑輯)』,『남계독서기(南溪讀書記)』,『심학지결(心學至訣)』 등 많은 저술이 있으며, 70여 권의 문집이 전한다.

이와 같이 우리나라에서 공자와 그의 제자 등 선현들을 배향한 것은 신라시대로 거슬러 올라가며, 처음에는 위패가 아닌 초상화를 모셨다. 신라 성덕왕 5년(717)에는 당나라에서 공자와 10철, 72현의 초상화를 들여와 태학에 비치하게 하였다. 이것은 고려시대에 이르러서 향교가 세워질 때 공자 등의 초상화를 봉안하는 관습으로 이어졌고 고려 말에는 초상화 대신 소상(塑像, 흙으로 빚어 만든 형상)을 만들어 봉안하였다. 그러나 이는 전국적인 현상은 아니었고 일부 지역에 한한 것이었다. 또 공자 이하 4성·10철만 소상으로 만들었으며 72현은 위패로 봉안하였다. 소상이 봉안된 것은 조선 중종 때까지이며 그 이후에는 모두 위패로 봉안한 것으로 보인다.

수원·진주·동래향교 등에서 볼 수 있는 5성·10철·송조 6현·동

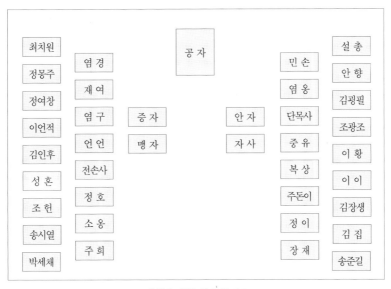

대성전 내부 위패 봉안도

천안향교 대성전 내부 위패 봉안 모습

국 18현의 위패 봉안 형태는 왼쪽 그림과 같다. 이때 공자를 모신 것을 정위(正位)라 하고, 4성을 모신 것을 배향위(配享位), 동서 벽면에 모신 10철·송조 6현·동국 18현은 종향(從享)이라 일컫는다.

향교는 기본적으로 유교적 윤리 규범을 교육하는 곳이기 때문에 향교 건물의 건축 양식에서도 위계(位階) 질서를 찾아볼 수 있다. 대성전과 동·서무는 명칭에서부터 '전(殿)'과 '무(廡)'의 현격한 차이를 두고 있다. 즉 5성을 모신 대성전은 대궐을 뜻하는 전의 개념을, 제현과 우리나라의 18현을 모시는 동·서무는 행랑을 뜻하는 무의 개념을 사용한 것이다.

또 지면으로부터 높낮이도 다르게 하여 우선 시각적으로 위계를 나타냈으며, 재료 사용에 있어서도 대성전에는 둥근 기둥을 사용한 반면 동·서무에는 네모난 기둥을 사용하였다. 뿐만 아니라 공포(栱包)의

개방형 대성전　대성전은 정면에서 출입문에 이르기까지 일종의 토방 형식의 공간을 두는 전퇴가 있느냐 없느냐에 따라 개방형과 폐쇄형으로 구분한다. 전퇴가 있는 개방형은 전면을 열주 형식으로 처리하고 다음 칸에 벽과 출입문을 설치한다. 공주향교. (위)

폐쇄형 대성전　폐쇄형 대성전은 전퇴가 없이 전면에 바로 벽과 출입문을 설치한다. 고부향교. (옆면)

구성도 대성전이 익공(翼工) 양식인 반면 동·서무는 일반 주택과 같
은 민도리 양식이 주류를 이루고 있다. 대성전과 동·서무는 위패를 모
시기 때문에 안은 통칸으로 되어 있고, 바닥은 전(甎, 흙을 구워 방형
이나 장방형으로 벽돌처럼 넓적하게 만든 건축 자재)으로 이루어지는 것
이 일반적이다.

　　대성전은 본래 설위, 즉 봉안하는 신위의 수에 따라 규모가 정해졌
다. 『증보문헌비고』를 보면 "성균관의 대성전은 5칸이며, 주·부의 대
성전은 3칸"이라 하여 건물의 규모를 제한하고 있다. 그러나 현존하는

전퇴 개방형 동무 동·서무는 대부분 3칸 규모로 건립되었으며 배향하는 신위의 수가 많은 대설위의 경우 9칸이나 10칸으로 지어진 경우도 있다. 양주향교. (위)

폐쇄형 서무 동·서무의 구조는 툇간이 있는 개방형으로 한 향교도 있으나, 대부분 폐쇄형으로 이루어져 있다. 이천향교. (아래)

향교의 대성전을 살펴보면 이러한 규칙은 제대로 지켜지지 않은 것 같다. 예를 들어 경상도의 사천이나 봉화, 전라도 화순은 당시에 그다지 크지 않은 읍인데도 불구하고 건물의 규모가 매우 크다. 이것은 대부분의 향교가 전쟁으로 불타 없어졌다가 조선 후기에 중건되면서 당시 경제적 상황이나 지방관의 흥학(興學) 의지와 관련하여 변화를 겪은 것으로 보인다.

대성전은 정면에서 출입문에 이르기까지 일종의 토방(土房) 형식의 공간을 두는 전퇴(前退)가 있느냐 없느냐에 따라 '개방형'과 '폐쇄형'으로 구분한다. 즉, 전퇴가 있는 개방형은 전면을 열주(列柱) 형식으로 처리하고 다음 칸에 벽과 출입문을 설치하며, 폐쇄형은 전면에 바로 벽과 출입문을 설치한다. 따라서 개방형의 경우 제향 때에 공간의 여유가 생기기 때문에 사당 건축에 많이 사용되고 있다.

대성전은 대부분 맞배지붕의 형태를 하고 있으며, 나주향교나 진주향교와 같이 팔작지붕인 경우도 더러 있다.

동·서무는 대부분 3칸 규모로 건립되었으며, 배향하는 신위의 수가 많은 대설위인 경우에는 9칸이나 10칸으로 지어진 경우도 있다. 건물의 구조는 뒷간(退間)이 있는 개방형으로 한 향교도 있으나, 대부분 폐쇄형으로 이루어져 있다.

명륜당과 동·서재

교육 공간으로는 명륜당(明倫堂)과 동재(東齋), 서재(西齋)가 있다. '명륜(明倫)'이란 인간 사회의 윤리를 밝힌다는 뜻으로 『맹자』「등문공(滕文公)」편에 "학교를 세워 교육을 행하는 것은 모두 인륜을 밝히는 것이다"라고 한 데서 유래하였다. 즉 명륜당은 스승과 학생이 모여서

나주향교 명륜당　명륜당은 스승과 학생이 모여서 교육을 하는 곳이며, 일반적으로 중앙에 대청을 두고 양쪽에 온돌방을 두는 형태를 취한다. 나주향교의 명륜당은 성균관의 명륜당을 모방하여 지은 것이다.

김제향교 명륜당과 동·서재 동재와 서재는 학생들의 기숙사를 말하며 명륜당을 중심으로 동서 양쪽에 대칭으로 배치되어 있다.

교육을 하는 곳이며, 일반적으로 중앙에 대청을 두고 양쪽에 온돌방을 두는 형태를 취한다. 이것은 명륜당이 교육 장소인 동시에 교관의 거처로 쓰였기 때문이다.

우리나라에서 처음으로 성균관(成均館) 안에 명륜당을 세운 것은 조선 태조 7년(1398)이다. 조선 전기에는 각 고을의 크기에 따라 교생(校生)의 정원이 정해졌기 때문에 교생 수에 따라 명륜당의 크기도 차이가 있었을 것으로 보여진다. 그러나 현재 남아 있는 건물들은 임진 왜란 이후 다시 지어진 것이 대부분이므로 당시 명륜당의 규모를 추정하는 것은 어려운 일이다. 명륜당이 중건되던 조선 후기에는 향교가 교육 기능을 상실하고 제사 기능만 가지고 있었기 때문이다.

오늘날 남아 있는 향교의 명륜당은 5칸 규모가 가장 많고, 공포는 익공 양식이 대부분이며, 지붕은 맞배지붕 형태가 주를 이루는 가운데 팔작지붕(상주, 능주 등)과 우진각지붕(홍해)을 한 향교도 있다.

전국의 향교 가운데 가장 특이한 형태의 명륜당이 있는 곳은 나주이며, 이것은 성균관의 명륜당을 모방하여 지은 것이다. 즉 중앙에 3칸의 건물이 있고 양쪽으로 3칸의 익사(翼舍, 주요 건물의 좌우로 뻗어 있는 부속 건물)를 건립하였는데, 건물 사이에 약간의 공간을 둔 것이 성균관과 다를 뿐이다. 한편 성균관의 명륜당은 임진왜란 때 불타고 이후에 나주향교 명륜당을 모체로 하여 복원함으로써 오늘날에 이르고 있다.

동재와 서재는 학생들의 기숙사를 말하며 명륜당을 중심으로 동서 양쪽에 대칭으로 배치되어 있다. 조선시대에는 신분에 관계없이 양반은 물론 평민의 자제도 향교에 입학할 수 있었다. 그러나 조선 후기에는 건물을 사용하는 사람들이 신분상으로 구별되었는데, 양반의 자제들은 동재를, 평민들은 서재를 사용하게 되었다. 동재와 서재는 가운데에 대청을 두고 양쪽에 온돌방을 두는 경우도 있으며, 전체가 방으로 이루어진 곳도 있다.

기타 부속 시설

향교의 출입문은 외삼문과 내삼문으로 구분된다. 외삼문은 향교를 출입하는 정문을 가리키며, 대개 2층의 누(樓)나 솟을삼문 형태로 되어 있다.

외삼문은 향교에 따라 '풍속과 교화', '만물을 교화한다'는 뜻의 풍화루(風化樓), 만화루(萬化樓) 등의 이름을 가진다. 그리고 풍화루와 외삼문이 별도로 건립되어 있는 경우도 있는데, 이것은 풍화루에서 외

장수향교 외삼문 향교를 출입하는 정문을 가리키며, 대개 2층의 누 또는 솟을삼문 형태로 되어 있다. (위)

옥천향교 내삼문 배향 공간과 교육 공간 사이를 통하는 문으로 상대적으로 외삼문보다 작다. (아래)

단양향교 풍화루 외삼문은 향교에 따라 '풍속과 교화', '만물을 교화한다'는 뜻의 풍화루, 만화루 등의 이름을 가진다. 풍화루와 외삼문이 별도로 건립되어 있는 경우도 있는데, 이것은 풍화루에서 외삼문까지 진입하는 동안 경건한 마음을 가질 수 있도록 하기 위해서이다. (위)

경주향교 존경각 경판고는 자료를 보관하는 곳으로 존경각이라 부르기도 한다. (옆면)

삼문까지 진입하는 동안 경건한 마음을 가질 수 있도록 하기 위해서이다. 내삼문은 배향 공간과 교육 공간 사이를 통하는 문으로 상대적으로 외삼문보다 작다. 내삼문은 중앙에 정문이 있고 그 좌우에 좁은 문이 있으며, 출입할 때는 동문(東門, 밖에서 볼 때 오른쪽)으로 들어갔다가 서문(西門)으로 나오게 되어 있다.

　이 밖에 향교의 부속 건물로는 향교를 관리하는 살림집인 교직사(校直舍)와 자료를 보관하는 경판고(經板庫), 제기 용품을 보관하는 제기고(祭器庫)나 전사청(典祀廳) 등이 있다. 그리고 향교 정면 가까운 곳에는 대개 홍살문(紅箭門)과 하마비(下馬碑)가 세워져 있다. 홍살문은 붉은 칠을 한 나무문으로 선현의 위패를 모신 곳이나 왕릉 등 신성한

연산향교 교직사 교직사는 향교의 부속 건물로 향교를 관리하는 살림집이다. (위)

자인향교 제기고(옆면 위)**와 하양향교 전사청**(옆면 아래) 향교에서 제기 용품을 보관하는 곳이다.

장수향교 홍살문 홍살문은 붉은 칠을 한 나무 문으로 선현의 위패를 모신 곳이나 왕릉 등 신성한 지역임을 알리는 표시물이다. (위)

남원향교 하마비 하마비는 궁궐, 종묘, 문묘, 성현의 탄생지나 무덤 앞에 비석을 세워 지나가는 사람은 누구든 말에서 내려 경의를 표하게 한 것이다. (왼쪽)

지역을 알리는 표시물이며, 하마비는 궁궐·종묘·문묘·성현의 탄생지나 무덤 앞에 비석을 세워 지나는 사람은 누구든 말에서 내려 경의를 표하게 한 것이다.

한편 현존하는 향교 안이나 부근에는 양사재(養士齋), 흥학재(興學齋), 사마재(司馬齋), 육영재(育英齋), 향숙당(鄕塾堂) 등 향교의 교육 기능을 회복하고자 지방관이 별도로 세운 조선 후기 건물들이 있다.

또한 전주향교 등 일부 향교에는 특이하게 계성사(啓聖祠)라는 건물이 있는데, 이는 5성인 공자·안자·증자·자사·맹자의 아버지를 모시기 위해 지은 사당이다. 이것은 1701년 성균관의 대성전 서북쪽에 처음 세운 것을 시작으로 1739년에는 영조가 모든 도(道)와 큰 고을의

남원향교 사마재　조선 후기에는 지방관들이 향교의 교육 기능을 회복하려는 목적으로 양사재, 흥학재, 사마재, 육영재, 향숙당 등을 세웠다.

전주향교 계성사 이 건물은 5성인 공자, 안자, 증자, 자사, 맹자의 아버지를 모시기 위해 지은 사당이다.

향교에 계성사를 세우라는 명을 내리게 되었다. 그뒤 성균관에 있던 계성사는 광복 후에 성균관대학교를 건축하면서 헐렸고, 지방에 세워졌던 것은 현재까지 남아 있는 것도 있고 헐린 것도 있다.

향교의 안이나 정문 밖에는 비석들이 늘어서 있는 것을 흔히 볼 수 있다. 이 비석들은 주로 고을을 잘 다스렸던 관찰사·목사·군수·현감에 대한 선정비(善政碑), 송덕비(頌德碑), 불망비(不忘碑)이거나 향교 건물의 중수기(重修記), 교임(校任)들의 공적 기념비이다.

그런데 이러한 비석 가운데 매우 특이한 것이 장수향교 정문 앞에 세워져 있는 '정충복비(丁忠僕碑)'이다. 임진왜란이 일어나 왜군이 장수

지방에 침입하였을 때, 노비(奴婢)인 정경손(丁敬孫)은 문묘 앞에 꿇어 앉은 채 "향교에 들어오려거든 먼저 내 목을 베라"고 하여 왜군들을 감복시켰다. 왜군들은 그의 기개에 눌려 '여기는 성스러운 지역이니 침범하지 말라(本聖域勿犯)'는 글귀를 붙이고는 물러가 후속 부대의 피해에서 벗어날 수 있었다.

이로써 임진왜란 때 전국의 향교가 대부분 불타 없어진 상황에서 장수향교만이 보존되어 조선 전기 향교의 모습을 유지하게 되었다. 후세 사람들은 그의 의로운 행동을 기리기 위하여 향교 앞에 비를 세웠으며, 정경손은 왜장을 껴안고 남강에 떨어져 죽은 논개(論介), 현감이 익사하자 자신도 따라 죽은 순의리(殉義吏)와 함께 장수삼절(長水三節)로 추앙되고 있다.

장수향교 정충복비 향교 안이나 정문 밖으로 세워진 비석들이 주로 고을을 잘 다스리던 관리들을 추모하는 공적 기념비인 데 비해, 장수향교 정문 앞의 정충복비는 노비 정경손의 의로운 행동을 기리고 있다.

하양향교 앞 은행나무 공자가 은행나무 그늘 아래에서 제자들을 가르쳤다는 고사를 본떠
후세에 향교나 서원에 은행나무를 심게 되었다.

부속 건물은 아니지만 향교에서 빼놓을 수 없는 것이 은행나무이다. 향교 안이나 정문 앞에는 으레 수백 년 된 은행나무가 있기 마련인데, 향교가 건립되면서 심은 것이기 때문에 나무의 수령(樹齡)은 곧 향교의 나이를 대변한다고 할 수 있다. 이것은 공자가 은행나무 그늘 아래에서 제자들을 가르쳤다는 고사를 본떠 후세에 향교나 서원에 은행나무를 심게 된 것이다. 따라서 은행나무는 그곳이 교육을 담당하는 장소임을 나타내는 상징물이 되고 있다.

건물의 배치

향교 건물의 배치는 배향 공간과 교육 공간이 놓여지는 위치에 따라 두 가지 경우로 구별된다. 즉 배향 공간과 교육 공간이 앞뒤로 위치하는 경우와 옆으로 위치하는 경우이다.

향교 건물이 앞뒤로 위치하는 경우에는 향교가 위치한 곳이 평지인가 또는 산을 배경으로 한 경사지인가에 따라 배치 형태가 달라진다. 왜냐하면 배향 공간인 대성전이 교육 공간인 명륜당보다 우위의 개념이 되기 때문이다. 따라서 향교가 경사지에 세워진 경우에는 명륜당이 앞에 위치하고 대성전이 뒤에 놓이는 '전학후묘(前學後廟)'의 형태로 배치하여 우선 위치상으로도 대성전을 우위에 놓이게 하고 있다.

현재 우리나라에 남아 있는 대부분의 향교가 전학후묘의 형태를 하고 있다. 이러한 전학후묘의 형태도 명륜당과 동·서재가 놓이는 방식에 따라 다시 두 가지 유형으로 분류한다.

하나는 명륜당이 향교 정문을 등진 가운데 대성전 쪽으로 동·서재를 배치하여 내삼문을 통하면 바로 대성전으로 연결되게 한 형태로 이를 '전당후재(前堂後齋)'라 한다. 이 경우 공간 이용에는 편리하나 건

전묘후학의 향교 배치 향교가 평지에 세워지는 경우, 대성전이 앞에 위치하고 명륜당이 뒤에 놓이는 전묘후학의 형태로 배치된다. 나주향교. (위)

전학후묘의 향교 배치 현재 남아 있는 대부분의 향교는 전학후묘의 형태로 배치된다. 전학후묘의 형태는 다시 명륜당과 동·서재가 놓이는 방식에 따라 두 가지 유형으로 분류되는데, 강릉향교(옆면 위)는 전당후재 형태를, 기장향교(옆면 아래)는 전재후당 형태를 하고 있다.

물의 독립성이 결여되어 대성전을 신성시하는 정도가 떨어진다고 할 수 있다. 반면 명륜당이 대성전을 뒤로 하고 동·서재를 정문 쪽으로 배치하는 '전재후당(前齋後堂)'의 형태가 있다. 이 경우 명륜당은 향교 정면을 바라보게 되며, 건물의 독립성이 강하게 드러나는 대신 대성전에 가려면 명륜당을 돌아가야 하는 불편이 따르게 된다.

이와 같은 전재후당형과 전당후재형의 배치 형태가 나타나게 되는 이유에 대해서는 분명하게 밝혀지지 않고 있다. 충청도와 전라도에서는 향교뿐 아니라 서원의 배치 형태도 대부분 전당후재형을 따르고, 경상도에서는 전재후당형이 많은 특성을 보이고 있다. 그러나 전라도 지역인 여수, 광양에서는 전재후당의 형태가 나타나고, 다른 지역의 향교에서는 전당후재형이 발견되어 단지 지역적인 현상으로만 구분할 수는 없다.

또한 향교가 평지에 세워지는 경우에는 대성전이 앞에 위치하고 명륜당이 뒤에 놓이는 '전묘후학(前廟後學)'의 형태로 배치된다. 이것은 평지이더라도 사당을 가장 안쪽에 배치하여 신성시하는 서원의 건물 배치와 차이를 보여 주는 점이다. 이러한 전묘후학의 건물 배치는 나주향교, 영광향교, 함평향교가 대표적이다. 이 경우 외삼문을 들어서면 정면에 대성전이 보이고 양쪽에 동무와 서무가 자리한다. 대성전 뒤로 내삼문을 지나면 정면에 명륜당이 있고 좌우에 동·서재가 위치하게 된다.

한편 전묘후학이나 전학후묘의 일반적인 형태에서 벗어난 특이한 경우가 몇몇 향교에서 나타난다. 즉 대성전과 명륜당이 앞뒤로 배치되어 있는 것이 아니라 향교 정면에서 보았을 때 양쪽으로 나란히 배치되어 있는 경우이다. 이때 대성전이 왼쪽에, 명륜당이 오른쪽에 있는 '좌묘우학(左廟右學)'인 형태는 밀양향교, 광양향교, 영암향교 등에서 찾아볼 수 있다. 이와는 반대로 여천의 돌산향교나 제주의 제주향교와 정의

좌묘우학의 향교 배치 정면에서 보았을 때 대성전이 왼쪽에, 명륜당이 오른쪽에 있는 형태이다. 영암향교. (위)

좌학우묘의 향교 배치 정면에서 보았을 때 대성전이 오른쪽에, 명륜당이 왼쪽에 있는 형태이다. 돌산향교. (아래)

향교는 대성전이 오른쪽에 있고 명륜당이 왼쪽에 위치하는 '좌학우묘(左學右廟)'의 형태를 하고 있다.

이러한 변칙적인 배치 형태는 대지가 급경사이거나 앞뒤보다는 양쪽으로 긴 형태이기 때문에 나타나기도 하지만 반드시 그런 것만도 아니어서 그 이유를 정확히 파악하기는 어렵다.

이상에서 설명한 향교의 배치 형태를 도표로 나타내면 다음과 같다.

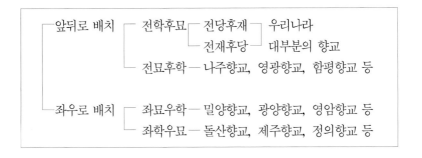

직제와 운영

교관

　교관은 향교에서 학생들을 교육시켰던 교육자를 말하며, 때에 따라 교수(敎授), 훈도(訓導), 교도(敎導), 학장(學長) 등의 이름으로 불렀다. 이들 가운데 교수, 훈도, 교도는 중앙 정부에서 파견되는 정식 교관이었고, 학장은 지방의 행정 책임자가 임명하는 관인이 아닌 교관이라 할 수 있다.

　조선시대에는 지방 교육을 장려하기 위해 태종 때부터 주나 부와 같이 큰 읍에는 과거에 합격한 관리를 교수관으로 파견하였고, 교수가 파견되지 못한 군현에는 각 도의 관찰사가 학장을 선발하여 향교 교육을 담당하도록 하였다. 또 세종 때에는 학장 대신 생원과 진사 가운데 스승이 될 만한 사람을 뽑아 교도로 임명하는 등 교관 제도의 변화를 겪기도 하였다. 이때 과거에 합격하고 6품 이상의 관품을 가진 교관은 교수, 7품 이하는 훈도, 생원이나 진사 출신의 교관은 교도라고 하였다. 그러나 『경국대전(經國大典)』이 완성되는 성종 때에 이르면 교도직이 없어지고 큰 고을에서는 교수, 작은 고을에서는 훈도라 칭하게 된다.

교수는 종6품 벼슬로 1년 동안 받는 봉급은 중미(中米) 5석, 조미(糙米) 17석, 전미(田米) 2석, 황두(黃豆) 8석, 소맥(小麥) 4석, 주(紬) 1필, 정포(正布) 9필, 저화(楮貨) 4장이었고, 훈도는 종9품 벼슬이며 1년 동안 조미 8석, 전미 1석, 황두 2석, 소맥 1석, 정포 2필, 저화 1장을 봉급으로 받았다. 이같은 녹봉이 당시 경제 상황에서 어느 정도 수준이었는지 가늠해 볼 수는 없다. 다만 세조 때에 "교관의 녹봉이 심히 박하다"는 기록으로 보아 그다지 만족할 만한 정도는 아니었던 것으로 보인다.

조선 전기에는 교관 확보에 많은 어려움이 있었다. 과거 시험에 합격한 사람은 제한적이었던데 비해 당시 조선의 군현은 330여 개에 달해 모든 군현에 교관을 파견한다는 것은 처음부터 불가능한 일이었다. 더욱이 과거에 합격한 자가 지방 교관직에 부임하기를 꺼리는 경우가 많았고 생원, 진사들도 과거 시험을 통하여 중앙 관료로 진출하는 것이 출세하는 데 유리했기 때문에 교관직에 대해 그다지 매력을 느끼지 못하였다.

뿐만 아니라 죄를 짓고 좌천(左遷)된 자를 교관으로 임명하는 등 정부의 무리한 교관 확보 정책은 오히려 사회적으로 교관직을 경시하는 풍조를 낳게 하였다. 또한 교관의 녹봉이 충분하지 않았던 것이나 방학 기간에는 봉급을 지급하지 않았던 점, 30개월의 임기가 제대로 지켜지지 않았던 점 등도 교관 확보에 실패한 요인이 되었다고 볼 수 있다. 그리하여 생원이나 진사 가운데 교관을 선발하여 향교 교육을 담

『경국대전』에 나타난 향교 교관 수

교관 \ 지역	경기	충청	경상	전라	황해	강원	함경	평안	계
교수	11	4	12	8	6	7	13	11	72
훈도	26	50	55	49	18	19	9	31	257

당하도록 했으며, 심지어는 단지 '스승이 될 만한 사람'을 학장으로 임
명하기도 했다.

　이처럼 조선 전기에는 제대로 된 교관을 확보하지 못하는 상황이 계
속되었다. 명종 때에는 단지 '어느 정도 글을 아는 사람'이 있으면 천
민이라도 교관을 삼아서 교생을 가르치도록 하는 조치를 내리기에 이
르렀다. 따라서 교관의 자질은 낮아질 수밖에 없었고, 이는 학생들로
하여금 더욱 향교를 기피하고 향교의 교육 기능을 대신한 서원으로 옮
겨 가도록 만들었다.

15세기 후반에 이르면 신분으로나 자격으로나 교관이 될 수 없는 사람들이 군역(軍役)을 면제받기 위해 교관직에 머물러 있었으므로 교육은 아예 엄두도 내지 못할 상황이었다. 이와 같이 더 이상 교관 파견의 필요성이 없어지게 되자 선조 때에는 제독관(提督官)이라는 향교 감독관을 파견하여 여러 향교를 순회하면서 교육을 장려하게 하였다. 이것은 퇴폐해진 지방 교육을 회복시키기 위한 조선 정부의 마지막 노력이라고 할 수 있다.

이러한 제독관은 교양관(敎養官)이라고도 했으며, 지역이나 상황에 따라 없애기도 하고 다시 만들기도 하면서 정조 때까지 지속되었으나 별다른 효과를 거두지 못한 것으로 보인다. 그리고 『대전통편(大典通編)』이 편찬되는 1785년에는 향교의 교관 제도가 완전히 폐지되었음을 볼 수 있다.

교생

오늘날의 교생은 1개월 정도 초·중·고등학교에서 교사 실습을 하는 대학생을 가리키는 말이지만 조선시대에는 향교에서 교육을 받는 학생을 교생이라 하였다. 이러한 교생은 고을의 크기에 따라 정원이 정해졌는데, 『경국대전』을 보면 부·대도호부(大都護府)·목에 90명, 도호부에 70명, 군에 50명, 현에 30명으로 규정되어 있다. 이 정원은 국역(國役)의 대상이 되는 만 16세 이상을 포함한 것이며, 16세 미만은 동몽(童蒙)이라는 이름으로 정원에 관계없이 교육이 가능하였다.

교생들의 향교 입학 연령은 지역에 따라 15~20세로 다양하게 나타나며, 교육 연한은 일정하게 정해져 있지 않아 대체로 40세까지는 학생의 신분을 가질 수 있었다.

조선이 철저한 신분제 사회이긴 했지만 양반 신분만이 교생이 될 수 있었던 것은 아니다. 평민들도 얼마든지 향교 교육을 받을 수 있는 기회가 허락되었고, 일단 향교에 입학하게 되면 군역이 면제되었으며 과거 시험에 응시할 수 있는 자격을 부여받았다.

그러나 조선 후기가 되면 동재와 서재를 사용하는 학생들의 신분이 구별되게 된다. 즉 동재에 머무르는 학생은 동재유생(東齋儒生) 또는 청금유생(靑衿儒生)이라 하여 이들은 신분상 양반이었고, 서재에 머무르는 학생은 서재교생(西齋校生)이라 하여 평민이나 서얼 등이었다. 이들의 명단을 작성한 것을 각각 유생안(儒生案), 청금록(靑衿錄), 청금안(靑衿案), 청금유생안(靑衿儒生案)과 교생안(校生案), 서재안(西齋案), 서재교생안(西齋校生案), 서재유안(西齋儒案), 교안(校案) 등이라 칭하여 신분상으로 구별하였다.

이 당시 양반들은 군역이 면제되었기 때문에 굳이 향교에 들어가지

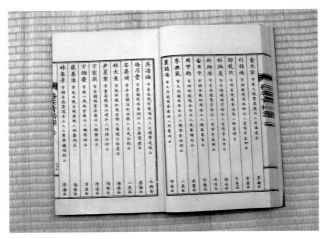

무안향교 청금록 학생들의 명단을 작성한 것으로 신분에 따라 구별하였다.

않아도 되었다. 그런데 양반들이 유생안을 따로 작성하면서 향교와 관계를 계속 맺으려 한 것은 향교가 교육 기능을 상실했다고는 하지만 당시까지 향촌의 중심 기구 역할을 담당했기 때문이다. 즉 향교에 출입한다는 것 자체만으로도 양반 행세를 할 수 있었으므로 유생들은 여전히 향교 운영에 많은 관심을 가지고 있었다. 따라서 동재에는 향교 운영을 위한 양반들이 있었고, 서재에는 군역을 면제받는 대신 향교 운영에 필요한 잡역을 담당하는 평민 이하의 신분층이 머물렀다.

교생들은 이제 과거 급제를 목적으로 공부만을 하는 사람들이 아니었으며, 향교를 지키고 제사지낼 때 거드는 일 등을 하였다. 그런데 조선 후기에 이르면 『경국대전』에 규정한 교생 정원의 몇 배 또는 몇십 배에 달하는 교생 수가 나타난다. 이것은 본래의 정원인 액내교생(額內校生) 외에 정원 외 교생인 액외교생(額外校生)을 대다수 모집했기 때문이다. 액외교생은 군역을 면제받기 위하여 불법으로 향교에 들어간 부류들이며, 향교는 재정을 보충하기 위해 이들에게서 일정한 액수의 뇌물을 받고 입학시켜 주었다.

교임과 향교 운영

조선 초기에 각 군현에 향교를 설립하면서 중앙에서 교관을 파견하였는데, 이들로 하여금 교생 교육은 물론 향교 운영을 담당하도록 하였다. 그러나 지방 유생의 향교 기피와 교관의 질적 저하 등으로 향교 교육이 실효를 거두지 못하게 되자 조선 후기에는 교관 파견이 중단되었다. 대신 그 지방에서 스승이 될 만한 인물을 뽑아 교육은 물론 향교 운영을 담당하도록 했는데 이들을 통틀어 교임이라고 한다.

교임들은 지방 유생들이 회의를 통하여 뽑고, 수령이 이를 승인하는

하양향교 학규 조선 후기에 향교 교육은 관에서 담당하였으나 이것은 명목상일 뿐이고 실제로는 그 지방 양반들이 담당하였다.

형태였다. 이것은 당시 향교 교육을 관에서 명목상으로만 관장하였고, 실제 운영은 그 지방 양반들이 담당했음을 의미한다. 이러한 교임에는 서열에 따라 도유사(都有司), 장의(掌儀 또는 掌議), 유사(有司) 등으로 구분되었다. 교임 가운데 우두머리 격인 도유사는 지역별로 전교(典教), 교장(校長), 재장(齋長), 훈장(訓長), 재수(齋首) 등으로 다양하게 불렀으며, 그 지방 수령이 도유사를 겸하기도 하였다.

　도유사는 향교를 대표하여 교임을 총괄하고 교생 교육을 비롯한 모든 일을 주관하였다. 장의는 대개 두 명으로 동재와 서재로 구별하여 호칭하기도 했고, 담당하는 역할에 따라 청금장의(靑衿掌儀), 전곡장의(典穀掌儀), 과자장의(科資掌儀), 학고장의(學庫掌儀) 등으로 구별하기도 하였다. 또 서열에 의해 수장의(首掌儀), 부장의(副掌儀)로 구별하였는데, 이것으로 장의 사이에 역할 분담과 서열이 있었던 것을 알 수 있다. 장의는 향교의 전반적인 운영을 맡은 실질적인 관리자였다.

　유사는 가장 직위가 낮은 교임으로 색장(色掌), 재유사(齋有司), 재임(齋任) 등으로 불렀다. 맡은 역할에 따라 각각 전유사(典有司), 섬학유사(贍學有司), 유학유사(儒學有司), 용마유사(龍馬有司), 학유사

(學有司), 학고유사(學庫有司), 제기유사(祭器有司), 서책유사(書冊有司), 재중유사(齋中有司), 별사(別司), 연계유사(蓮桂有司), 영고유사(營庫有司) 등으로 구별되었다. 이들 유사는 문묘를 지키고 배향에 필요한 물건을 관리하고, 서책을 보관하는 등 향교 운영에 관한 실무를 담당하였다. 이 밖에 향교를 옮기거나 중수·중건할 때 일시적으로 중수유사(重修有司), 영건유사(營建有司), 성조유사(成造有司), 장물유사(掌物有司), 감동유사(監董有司), 도감(都監) 등을 두는 경우도 있었다.

한편 향교 노비로는 대성전을 지키는 전직(殿直), 동·서재를 지키는 재직(齋直), 제기고를 지키는 고직(庫直), 산을 지키는 산직(山直) 등이 있었으며 노비 가운데 우두머리를 수노(首奴)라 하였다.

향교의 경제적 기반

향교전

향교뿐만 아니라 어떠한 단체나 조직을 운영, 유지하기 위해서는 기본적으로 인력과 경제력을 필요로 한다. 향교의 경제적 기반이 된 것은 국가에서 내려준 토지와 노비였다. 조선시대 향교전(鄕校田)은 교생 정원과 마찬가지로 향교의 크기에 따라 차등을 두어 지급하였는데, 석전(釋奠) 제향을 위한 위전(位田)과 교생 교육을 위한 늠전(廩田)으로 구분되었다. 태종 6년(1406)에 지급한 향교전의 내용을 보면 아래와 같다.

이러한 향교전 지급은 세종 27년(1445)에 조정되어 유수관에게 위전

조선 초기 향교전 지급 현황   (단위 : 결)

	유수관	대도호부·목	도호부	지관	현령·현감
위 전	6	6	4	4	2
늠 전	50	40	15(10)	15(10)	10

참고 : ( )는 교수관이 없는 경우

능주향교 입구

을 15결(結), 대도호부·목에 10결로 올려 지급하도록 하였다. 그러나 이때 토지 지급이라는 것은 소유권 자체를 향교에 준 것은 아니고, 세 (稅)를 받을 수 있는 수조권만 지급하였다. 또한 향교전이 규정대로 지급되었는지도 의문스럽고, 향교 운영에 적정한 수준이었는가는 가늠할 길이 없다. 향교를 운영하기 위해서는 건물의 수리·유지비는 물론 교관의 후생복지비, 교생들의 숙식비, 제향 비용 등 막대한 예산을 필요로 하기 때문이다.

이렇듯 막대한 투자를 필요로 하는 향교를 전국의 각 군현에 세웠다는 사실만으로도 조선 왕조의 숭유억불 정책의 일면을 살필 수 있다.

공부한 내용을 교관과의 문답을 통하여 확인하는 방법을 택하였다.

그러나 이러한 시험을 통한 군역 확보는 효과를 거두지 못하였다. 그 것은 뇌물을 바치고 시험을 면제받는 무리들이 많았으며, 국가에서도 재정 확보를 이유로 합법적으로 시험을 면해 주는 면강첩(免講帖)을 발행하였기 때문이다. 면강첩은 1년, 10년, 종신(終身)의 세 종류가 있었으며, 예조에서 발행하는 것을 원칙으로 하였으나 이러한 규정은 제대로 지켜지지 않았다. 이처럼 교생의 원납이나 면강첩 발행을 통한 수입은 조선 후기 향교 재정에 큰 몫을 차지했다.

교촌, 제역촌, 교보, 속사의 공납 등

향교의 경제 기반에 한몫을 담당한 것으로 교촌(校村)과 교보(校保) 가 있다. 교촌은 향교 부근의 마을을 말하며, 교촌에 살고 있는 사람들 은 향교를 지키는 등 일정한 경제적 부담과 노동력을 제공하는 대신 한 해 동안 나머지 잡역에서 면제되는 혜택을 누렸다. 이러한 교촌은 향교 가 설립될 당시부터 존재하였으며, 조선 후기에 이르러 향교의 권한이 더욱 확대되자 이와 비슷한 향교촌(鄕校村)이 생겨나게 되었다.

향교촌은 조선 후기에 널리 유행하였던 제역촌(除役村)의 일종으로 교촌 이외에 마을을 설정하여 군역·환곡(還穀)·민고(民庫)·잡역(雜 役) 등의 부담에서 면제 혜택을 주는 대신 향교에 일정한 부담을 하였 다. 향교촌이 되기 위해서는 마을 간에 계(契)를 맺어야 했기 때문에 제역촌을 계방촌(契房村)이라고도 하였다.

이들은 향교에 필요한 물품이나 계방전(契房錢, 돈)을 내야 했고, 관 에서는 완문(完文)을 발급하여 증명해 주었다. 물론 교촌이나 향교촌에 거주하는 자의 부담은 일반 백성보다 가벼웠으며, 향교에서는 이를 통

고성향교 향교촌은 조선 후기에 널리 유행하였던 제역촌의 일종으로 교촌 이외에 마을을
설정하여 군역·환곡·민고·잡역 등의 부담에서 면제 혜택을 주는 대신 향교에 일정한
부담을 하였다.

하여 재정의 일부를 보충하였다.

교보는 향교의 보인(保人)을 말하며, 보(保)는 세조 때에 군역이 납포제(納布制)로 바뀌면서 군포를 내지 않는 대신 일정한 역에 종사하도록 한 것이다. 향교의 보인이 되면 일단 군역을 면제받을 수 있기 때문에 조선 후기에는 면역(免役)을 노리는 자들이 교보가 되는 경우가 빈번하였다. 국가에서는 군역 확보를 위해 교보의 수를 40명으로 제한하였지만 이 규정은 제대로 지켜지지 않았고, 대부분의 향교에서는 정원보다 많은 수의 교보를 소유하고 있었다. 이들은 향교에 돈과 현물을 바치고, 심부름을 하거나 향교를 지키고 건물을 수리하는 등 노동력을 제공하였다.

이 밖에 향교의 재정 기반이 되었던 것으로 속사(屬寺)와 점촌(店村)을 들 수 있다. 속사는 지방관이 관청이나 향교, 서원 등에 사용되는 물자를 납부하도록 한 사찰을 말하며, 주로 종이를 바치는 경우가 많았다. 종이는 향교에서 건물의 도배나 문서 작성, 백일장의 시험지 등으로 사용되었다. 뿐만 아니라 사찰이 없어지면 그 사찰의 토지와 노비가 향교에 소속되는 경우도 있었으며, 기와나 목재, 절터가 향교 건립에 이용되기도 하였다. 또 재정을 보충하기 위해 옹기(甕器), 죽기(竹器), 사기(沙器), 유기(鍮器), 철물(鐵物), 땔감 등 제향시 필요한 물품을 공납하도록 했는데, 이러한 사람들을 점인(店人), 지역일 경우에는 점촌이라 하였다. 한편 일부 향교에서는 대나무밭, 호수, 염전 등을 가지고 여기서 세를 거두기도 하였다.

향교의 지출

앞에서 살펴본 대로 향교의 수입원에는 여러 가지가 있었다. 그러면 이러한 수입은 어떠한 항목으로 지출되었을까? 우선 향교의 지출 가운데 가장 큰 비중을 차지한 것이 봄·가을 석전과 삭망 분향(朔望焚香) 등의 제향 때 사용되는 제수(祭需)와 제관·집사에 대한 공궤(供饋)였다. 또 교임에 대한 급여와 교생들의 식비로도 지출되었으며, 이것들은 고정적인 지출 항목이 되었다.

반면 부정기적인 지출에는 향교 건물의 중수나 수리 때 들어가는 비용과 주변 지역의 향교, 서원, 사당 등에서 요구하는 협조금이 있었다. 또 수시로 개최되는 공도회(公都會), 백일장(白日場) 등 행사 때 사용되는 지필묵(紙筆墨) 값이나 우수한 성적을 거두는 자에게 주는 상금도 향교 지출에서 충당하였다. 뿐만 아니라 교생 가운데 과거에 응시하는 자가 있으면 지필묵 값이나 노자를 보조하기도 하였다.

금산향교 입구

향교의 기능

문묘 향사

조선 후기에 향교는 교육 기능이 쇠퇴하고 대신 선현에 대한 제향을 통한 교화 기능을 주로 담당하게 되었는데, 이것은 오늘날까지 향교가 존속하게 된 유일한 이유이다. 그 가운데 가장 큰 행사가 석전제(釋奠祭)이다.

석전은 원래 산천이나 묘사(廟社), 또는 학교에서 선현을 추모하기 위해 올리던 제사 의식을 말한다. 그런데 산천이나 묘사에 제사지내는 의식은 여러 형태가 있는 반면 학교에서 제사지내는 것은 석전뿐이므로 점차 학교의 제사 의식만을 일컫게 되었다. 또 제물로 소나 양을 쓰고 음악을 연주하는 경우를 석전이라 하고, 나물만 올리고 음악을 연주하지 않는 경우를 석채(釋菜 또는 釋采)라 하여 구분하기도 하지만, 오늘날에는 대체로 석전과 석채가 같은 의미로 사용되고 있다.

석전은 봄, 가을인 음력 2월과 8월의 첫 정일(丁日)에 올리기 때문에 정제(丁祭) 또는 상정제(上丁祭)라고도 한다. 중국에서는 이미 상대(上代)에 산천이나 묘사, 학교 등에서 석전이 실시되었으며, 특히 학교

석전 의례 석전은 원래 산천이나 묘사, 또는 학교에서 선현을 추모하기 위해 올리던 제사 의식을 일컬었지만 오늘에 와서는 학교에서 제사지내는 것에 한정하고 있다.

에서는 주로 이전 시대의 훌륭했던 스승을 선성(先聖)이라 하여 받들었다. 세월이 지나 주(周)나라 때는 순(舜)임금·우(禹)임금·탕(湯)왕·문(文)왕을 모시게 되었고, 한나라 이후 유교를 국교로 삼게 되면서 공자를 선성으로 모시는 것이 관례가 되었다. 명나라 때에 이르러서는 공자의 사당을 대성전이라 일컫게 되었다.

석전이 언제 한반도에 전래되었는지는 확실하지 않다. 고구려 소수림왕 때인 4세기에 국립 대학인 태학을 세웠는데, 이것을 유교 도입으로 볼 때 중국과 대등한 입장에 있었던 고구려에서 석전을 행했을지는 의문스럽다. 이보다는 8세기 초 당나라에서 공자와 10철, 72현의 초상화를 가져와 국학에 안치하였다는 기록이 있는데, 이로써 국학 내에서 석전 행사가 열리고 있었음을 알 수 있다. 고려시대 역시 국자감(國子監)에 공자를 모셔 놓고 석전을 올렸으며, 조선시대에는 성균관에 공

자와 4성, 10철, 공문 72현, 한당송원 22현, 송조 6현과 동국 18현의
위패를 봉안하고 봄·가을에 석전을 올렸다.

제기 용품

석전에 사용되는 제기를 살펴보면 대체로 다음과 같다.

변(籩)　　대나무를 엮어서 만든 제기로 과일, 포 등 마른 음식을 담
는다.

두(豆)　　나무로 만들며 주로 젖은 음식을 담는다.

조(俎)　　도마 모양 제기로 양쪽 끝은 붉게, 가운데는 검게 칠한다.

보(簠), 궤(簋)　　오곡의 하나인 기장을 담는 제기. 모양이 네모난
그릇이 보, 둥근 그릇이 궤이다.

등(登), 형(鉶)　　등은 질그릇으로 된 제기이며 대갱(大羹, 양념을
하지 않은 고깃국)을 담고, 형은 쇠로 만든 제기로 국을 담는다.

작(爵)　　세 발과 두 개의 뿔이 달린 술잔

점(坫)　　술잔을 올려 놓는 받침

우정(牛鼎), 양정(羊鼎), 시정(豕鼎)　　세 개의 다리에 각각 소,
양, 돼지의 머리를 장식한 제기로 우정은 10말, 양정은 5말, 시정은
3말이 들어간다.

희준(犧尊)　　소를 새기거나 소의 모양을 한 술통

상준(象尊)　　코끼리를 새기거나 코끼리 모양을 한 술통

산뢰(山罍), 산준(山尊)　　산과 구름무늬를 새긴 물통으로 5말이 들
어간다.

작(勺)　　술을 떠서 술잔에 담는 국자로, 자루 끝에 용의 머리를 조
각하여 용작이라 한다.

멱(冪)　　술독을 덮는 보자기 종류로, 구름무늬를 넣고 나무나 풀로
엮어서 만든다.

각종 제기 용품

변   두   조   보

궤   등   형   작

점   우정   양정   시정

산뢰   상준   희준   작

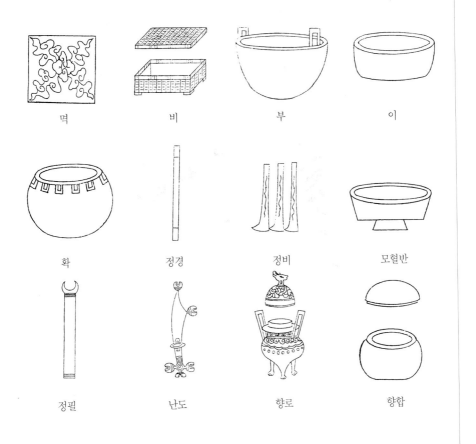

멱   비   부   이

확   정경   정비   모혈반

정필   난도   향로   향합

비(篚) 대나무로 만든 광주리

부(釜) 발이 없는 솥으로 네가래(수초 이름)와 부평초를 끓이는 데 사용한다.

이(匜) 손을 씻을 때 물을 붓는 그릇

확(鑊) 물을 끓이고 삶은 음식을 공급하기 위한 가마솥

정경(鼎扃) 솥귀를 꿰어 들기 위한 기구로 길이는 2~3척이다.

정비(鼎匕) 수저 모양의 제기

모혈반(毛血槃) 소, 양, 돼지 등 제물의 털과 피를 받아서 올리는 그릇

정필(鼎畢) 고기를 꿰어서 들어올리는 데 사용한다.

난도(鸞刀) 자르는 칼로 손잡이에 방울이 세 개 있으며 끝에도 방울이 있다.

향로(香爐) 향을 피우는 데 쓰는 그릇

향합(香盒) 향을 담는 그릇

진설

진설(陳設)은 제향할 때 제물의 종류와 차리는 순서 및 술잔을 놓는 위치를 나타낸 것을 말하며, 방향은 신위를 기준으로 하여 정해진다. 석전시 진설은 공자와 4성에게 올리는 제물과 10철, 송조 6현, 동국 18현에 올리는 제물의 두 종류가 있다.

먼저 5성에게 올리는 석전 진설을 보면 신위를 중심으로 양쪽에 변과 두를 놓고, 사이에 보와 궤를 두며, 다음 줄에 조, 향로, 작의 순서로 배열한다. 각 신위마다 변(마른 음식)과 두(젖은 음식)를 여덟 가지씩 진열하는데, 왼쪽에 형염(形鹽, 호랑이 모양으로 만든 소금)·어포(魚脯, 바다고기)·건조(乾棗, 대추)·율황(栗黃, 밤)·진자(榛子, 개암)·능인(菱仁, 마른 열매)·검인(芡仁, 연밥)·녹포(鹿脯, 사슴고기

석전제 상차림

포)를 놓고, 오른쪽에는 구저(韭菹, 부추김치)·탐해(醓醢, 고기장조림)·청저(菁菹, 무김치)·녹해(鹿醢, 사슴고기장조림)·근저(芹菹, 미나리김치)·토해(兎醢, 토끼고기장조림)·순저(筍菹, 죽순김치)·어해(魚醢, 물고기젓갈)를 놓는다.

보와 궤는 두 가지씩이며 왼쪽에 보, 오른쪽에 궤를 둔다. 보도(簠稻)와 보량(簠粱)에는 쌀과 조를 담고, 궤서(簋黍)와 궤직(簋稷)에는 메기장과 차기장을 담는다. 조는 두 가지이며, 변의 앞에 양성(羊腥, 양고기 생육)을, 두의 앞에는 시성(豕腥, 돼지고기 생육)을 놓는다.

조 앞에 향로가 놓이며, 향로 양쪽으로 촛대를 하나씩 둔다. 작은 술잔 세 개가 향로 앞에 놓인다.

작 앞으로는 희준, 상준, 산뢰 순으로 양쪽에 한 개씩 모두 여섯 개가 놓인다. 오른쪽의 희준과 상준에는 명수(明水, 달이 비칠 때 떠온 물)를 담고, 산뢰에는 현주(玄酒, 물)를 채운다. 왼쪽의 희준에는 예제(醴齊, 아직 익지 않은 술)를 담고, 상준에는 앙제(盎齊, 익었으나 거르지 않은 술)를, 산뢰에는 청주(淸酒, 맑게 거른 술)를 채운다.

한편 10철, 송조 6현, 동국 18현에 올리는 종향 진설은 5성에게 올리는 제물에 비해 간소하다. 변과 두가 두 가지씩이고, 보궤도 하나씩이며, 조도 양고기를 놓지 않고 돼지고기만을 놓는다. 술잔도 석전 진

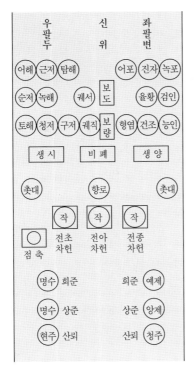

석전진설도

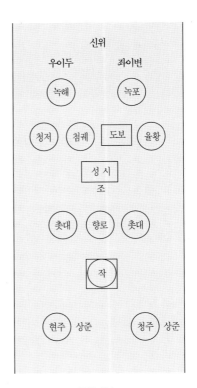

종향진설도

설 때는 희준, 상준, 산뢰 각 두 개씩인 반면 종향 진설에는 상준 두 개만 놓이며, 현주와 청주를 담는다.

이러한 진설에 관한 설명을 그림으로 나타낸 것을 진설도(陳設圖)라고 하며, 석전진설도와 종향진설도를 그림으로 나타내면 왼쪽 아래와 같다.

석전제 거행 순서

석전제 행사는 대체로 다음과 같은 순서로 진행된다. 먼저 집례(執禮, 홀기를 읽는 사람)와 묘사(廟祠, 청소원)가 섬돌 아래에서 4배를 올린 뒤 손을 씻고 제자리에 선다.

창홀(唱笏) 집례가 홀기(笏記, 의식의 순서를 적은 글)를 부르고, 악사(樂士)와 무생(舞生)이 입장하면 찬인(贊人, 홀기를 맡아 보던 저 작자)이 대축(大祝, 축문을 읽는 사람)과 모든 집사를 안내하여 섬돌 아래에서 4배하도록 한다. 대축과 모든 집사가 손을 씻고 각기 제자리에 선다. 묘사와 봉향(奉香, 분향시 향로를 받드는 사람)이 대성전의 문을 열고 개독(開櫝, 제사지낼 때 신주를 모신 독을 여는 일) 한다.

알자(謁者, 안내자)와 찬인이 초헌관(初獻官)·아헌관(亞獻官)·종헌관(終獻官)·분헌관(分獻官)을 안내하여 정해진 위치에 서게 한다. 알자가 초헌관에게 행사의 시작을 청하고 당하악〔堂下樂, 제사지낼 때 사용하는 음악으로 양성(陽聲)인 고선(姑洗)을 사용함〕이 연주되고 문무〔文舞, 아악을 베풀 때 문(文)을 상징하는 특정한 옷을 입고 왼손에 약(籥, 단소 모양의 관악기)을 쥐고 오른손에 적(笛, 피리 모양의 관악기)을 잡고 추는 춤〕가 시작되면 헌관과 참석자 일동이 4배한다.

전폐례(奠幣禮) 초헌관이 공자, 안자, 증자, 자사, 맹자의 신위 순으로 세 번 분향하고 폐백(幣帛)을 드린 뒤 제자리로 돌아온다. 이때 당상악〔堂上樂, 제사지낼 때 사용하는 음악으로 음성(陰聲)인 남려(南

呂)를 사용함]이 연주되고 문무를 춘다.

초헌례(初獻禮)　　첫번째 술잔을 올리는 예로 초헌관이 공자 신위 앞으로 가면 당상악과 문무가 시작된다. 공자 신위에 술잔을 올리고 물러서서 꿇어앉으면 대축이 축문을 읽는다. 초헌관은 안자, 증자, 자사, 맹자의 신위 순으로 술잔을 올리고 제자리에 돌아온다.

아헌례(亞獻禮)　　두 번째 술잔을 올리는 예로 아헌관이 공자, 안자, 증자, 자사, 맹자 신위 순으로 술잔을 올린다. 이때는 당하악과 무무[武舞, 아악을 베풀 때 무(武)를 상징하는 특정한 옷을 입고 왼손에 간(干, 방패)을 들고 오른손에 척(戚, 도끼)을 잡고 추는 춤]가 연주된다.

종헌례(終獻禮)　　마지막 술잔을 올리는 예로 종헌관이 공자, 안자, 증자, 자사, 맹자 신위 순으로 술잔을 올린다. 이때에도 당하악이 연주되고 무무를 춘다.

분헌례(分獻禮)　　공자와 4성 이외에 종향되어 있는 신위에 술잔을 올리는 예로 동서 양쪽 분헌관이 각각 17위(10철, 송조 6현, 동국 18현의 반수)에게 술잔을 올린다.

음복례(飮福禮)　　제사에 사용된 술과 음식을 나누어 먹는 예로 초헌관이 알자의 안내를 받아 음복하는 곳으로 나아가 술과 포를 음복한다. 대축이 상을 치우라는 의미의 철상(撤床)을 외우면 당상악을 그치고 당하악을 연주한다.

망료례(望燎禮)　　제사가 끝나고 축문 태우는 것을 지켜보는 예로 알자가 초헌관을 인도하여 축문 태우는 곳으로 나아가면 대축이 폐백과 축문을 태운다. 알자가 초헌관에게 석전제가 끝났음을 아뢰고 헌관들을 안내하여 물러가면 행사는 끝이 난다.

석전에 드는 비용은 향교의 수입에서 충당하는 것을 원칙으로 하고 모자랄 경우 지방 수령이 보조하였다. 석전제는 제향 그 자체만으로 끝

석전제 맨 위는 창홀, 가운데는 초헌례·독축·봉향 의식, 맨 아래는 망료례 모습이다.

나지 않았다. 예를 들자면 석전에는 지방관이 초헌관으로 참여하였고, 석전이 끝나면 지방 유림들이 향촌 사회의 여론을 수렴하여 지방관에게 전달하였기 때문에 향촌 자치 기구로서 향교가 주된 역할을 하게 되었다.

또 석전에 참여한 유림은 특별 대우를 받았으므로 석전 거행의 임원이 되는 것은 그 지방에서 양반으로 자리매김할 수 있는 계기가 되었다. 뿐만 아니라 석전제가 끝난 뒤 교임을 선출했기 때문에 지방 유림들은 석전에 대한 관심을 소홀히 할 수가 없었다. 향교와 서원 모두에서 거행되었던 석전은 조선 후기 지방 유림들의 가장 큰 집회 행사였다고 할 수 있다. 오늘날에도 석전이 거행될 때 초헌관은 시장이나 군수가 맡고 있으며, 종헌관은 향교의 전교(典敎)가 담당하는 것이 상례로 되어 있다.

삭망 분향은 매월 초하루[朔]와 보름[望]을 맞아 신위에 올리는 의례를 말한다. 의식의 절차는 위패를 열고 제물을 차려 놓은 뒤에 최고 연장자가 향을 피우고 재배한다. 다음에는 술잔에 술을 따라 놓고 참여자가 모두 재배한다. 각 신위의 술잔에 술을 올리고 재배한 다음 제물을 물리고 위패의 문을 닫으면 끝이 난다.

오늘날 삭망 분향은 향교에 따라 봉행하는 시간이 일정하지 않으나 거의 이른 아침에 행하고 있다. 석전제가 수령을 비롯하여 그 지방의 사족(士族)들이 모두 참여하는 것과는 달리 삭망 분향은 교임과 유생이 거행하였으며, 유생이 없는 지금에는 전교와 장의 등 향교 운영자를 중심으로 시행되고 있다. 복장도 과거에는 예복을 갖추었으나, 요즈음은 여러 개의 유건(儒巾)과 도복(道服)을 준비해 놓고 평상복 위에 착용하고 예를 올린다. 또한 분향례에 참석하는 사람들은 집사자의 구령에 따라 배례(拜禮)를 올릴 뿐 그 밖의 행사가 없기 때문에 별도로 제물을 만들지 않으며, 축(祝)도 읽지 않는다.

조선 후기 향교는 향약을 주관하여 실시하였고, 향사례(鄕射禮)와 향음주례(鄕飮酒禮)를 시행함으로써 지방의 풍속과 기강을 확립하는 장소로 활용되었다.

향약이 한반도에 처음 실시된 16세기에는 사족들이 향청(鄕廳)을 중심으로 하여 그들만의 상부상조(相扶相助)를 위하여 운영하였다. 그런데 임진왜란으로 인명과 재산의 극심한 피해를 입은 뒤에는 하층민을 일방적으로 통제할 수 없게 됨에 따라 상하민이 결합된 향약을 실시하게 되었다. 더구나 조선 후기에는 신분제의 동요로 인하여 서얼과 향리층의 신분이 상승되어 사족을 중심으로 한 향약을 실시하는 것은 불가능하게 되었다. 따라서 이후 향약은 국가 주도로 실시될 수밖에 없었고, 사족들은 향약을 통해 향권을 장악하고자 지방관에게 협조하는 양상이었다.

향약이 관의 주도로 실시되었으므로 관립 교육 기관인 향교가 그 중심 기구가 되는 것은 자연스런 일이었으며, 정조대가 되면 국가에서도 향약의 중심 기구가 향청에서 향교로 옮겨진 것을 인정하게 되었다. 즉 조선 후기에 대부분의 지역에서 향교는 향약의 중심 기구로 자리잡았으며 향교가 퇴폐한 지역에서는 서원이나 향청에서 주도하여 향약을 실시하였다. 향교에서는 향약을 통하여 전통적 관습에서 벗어난 자에게는 벌을 주고, 효자나 열녀는 표창하기도 하여 향촌민을 교화시키는 데 중요한 역할을 담당하였다.

향사례나 향음주례는 중국의 제도가 우리나라에 전래된 것으로 선인들은 향음주례를 가르쳐야 어른을 존중하고, 노인을 봉양하며, 효의 행실을 실행하고 자기 몸을 바르게 하여 국가를 편안하게 한다고 여겼다. 여기서 향사례는 주나라 향대부(鄕大夫)가 3년마다 재능 있는 사람을 왕에게 천거할 때 거행한 활 쏘는 의식을 말하며, 음력 3월 3일과 9월 9일에 거행하였다. 또한 향음주례는 매년 음력 10월에 향촌의 선비들

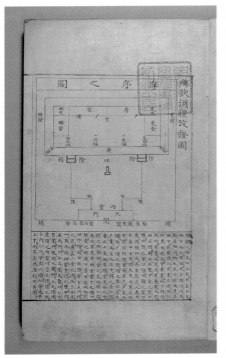

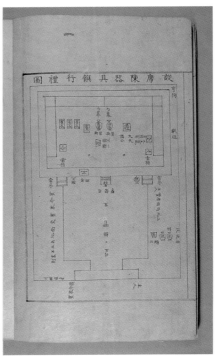

『**향음주례고증도**』**부분** 향교에서는 향사례와 향음주례를 실시하여 일반민을 대상으로 예법을 가르치고, 선행자를 표창하는 등 풍속을 발전시키는 사회 교화적 기능도 가지고 있었다. 이 책은 조선 정조 때의 학자 김상진(金相進)이 향음주례 등의 의식과 절차에 관해 풀이한 것이다. 왼쪽의 「상서지도(庠序之圖)」는 향음주례의 거행 장소인 상서의 평면 약도로 그 아래에 자세한 설명이 실려 있으며, 오른쪽의 「설석진기구찬행례도(設席陳器具饌行禮圖)」는 행사 참석 인원과 주준, 비 등 제기 용품을 배치하는 방법을 보여 준다.

이 학덕이 높은 사람을 모시고 술을 마시며 잔치를 하는 향촌 의례의 하나이다.

향사례와 향음주례가 우리나라에 언제부터 실시되었는지 분명하지 않으나 고려시대에 과거 제도가 정비되면서 또는 성리학이 전해지면서 실시된 것으로 보인다. 향음주례에서 나이가 많고 덕과 재주가 있는 자를 주빈으로 높인 반면, 향사례에서는 효제충신(孝悌忠信)하며 예법을 좋아하여 어지럽히지 않는 자를 높이고 있다.

이러한 향사례와 향음주례는 『국조오례의(國朝五禮儀)』에 규정되어 있었지만 실제로는 성종 때까지 실시되지 않았다. 그러다가 성종 때 사림파가 중앙에 진출하게 되면서 유향소(留鄕所)를 복립하여 향사례와 향음주례를 실시할 것을 주장하였다. 그러나 훈구 세력이 경재소(京在所)를 통하여 유향소를 장악함으로써 사림파의 본래 의도는 실패로 돌아가게 되었다. 중종 때에 다시 향촌 사회의 안정을 도모하였는데, 성종 때와 달리 향음주례의 시행을 중심으로 거론되었으며, 이러한 시도는 향약 보급 운동으로 이어지게 되었다.

이와 같이 향교에서는 향사례와 향음주례 실시를 통하여 일반민을 대상으로 예법을 가르치고, 선행자를 표창하는 등 풍속을 발전시키는 사회 교화적 기능도 가지고 있었다. 그러나 오늘날 향사례, 향음주례를 시행하는 향교는 거의 없다.

이 밖에 지신(地神)과 곡신(穀神)에게 풍작을 기원하는 사직제(社稷祭)와 서낭신과 미혼남녀 귀신에게 제향하는 여제(厲祭)가 봄·가을에 정기적으로 행해졌고, 기우제(祈雨祭)도 향교에서 거행하였다.

향교의 사회 교화 기능은 당시 위정자의 의식이나 관행을 통해서도 확인할 수 있다. 즉 관찰사가 관할하는 군현을 순방할 때 또는 수령이 부임지에 부임할 때나 교체되어 돌아갈 때 반드시 향교를 찾아 예를 갖추었다. 뿐만 아니라 과거에 합격한 사람이 고향에 돌아와서 사당에 알리기에 앞서 향교에 들러 제향하는 것이 관례였다. 이러한 관습은 오늘날까지 전해져 대부분의 향교에서 아직도 시행하고 있는데, 시장이나 군수가 부임할 때 문묘에 참배하며 봄·가을에 거행되는 석전제에도 초헌관으로 참석하고 있다.

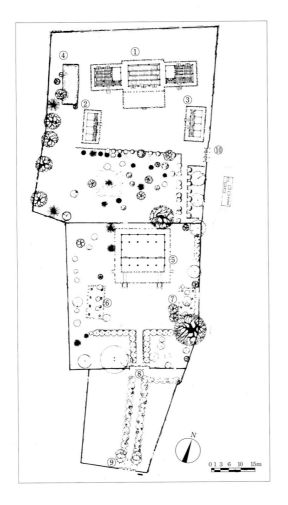

나주향교 배치도

① 명륜당
② 서 재
③ 동 재
④ 연 못
⑤ 대성전
⑥ 서무지
⑦ 동무지
⑧ 내삼문
⑨ 외삼문
⑩ 측 문

향교의 변화

　앞에서 살펴본 바와 같이 향교는 고려시대에 설립되기 시작하여 조선시대에는 '1읍 1교'의 원칙으로 전국에 세워졌지만 세월이 지나면서 많은 변화를 보였다. 조선 전기에는 중앙에서 교관을 파견하여 향교 운영은 물론 교생 교육을 담당했으나 후기에는 교관 파견이 중단되고 그 지방에서 교임을 뽑아 운영과 교육을 맡게 하였다. 또한 전기의 교생은 양반과 양인의 구별이 없었으나, 후기에는 양반 자제들은 동재에 기거하고 평민들은 서재를 사용하는 등 신분상의 구별이 생겨나게 되었다. 15세기 후반에 이미 향교의 교육 기능이 쇠퇴하게 되자 향교는 문묘에 제사지내고 사회 교화를 담당하는 곳으로 존속되었다. 조선 후기에 향교와 별도로 양사재를 세워 교육 기능을 회복하려는 노력도 있었으나, 여러 가지 여건으로 인하여 성과를 거두지 못하였다.

　향교와 서원은 사족들이 향촌에서 공론(公論)을 형성하는 근거지가 되었으며, 이는 중앙에서 파견된 지방관에 대하여 상당한 영향력을 행사할 수 있었다. 특히 서원은 그 숫자에 있어 향교의 3배에 달했는데, 관학인 향교를 상대적으로 침체시키는 결과를 초래하였다. 그러다가 고종이 즉위하면서 서원 철폐령이 내려지고 관학을 발전시키기 위해 향교를 보수하여 사족들을 향교에 수렴하고자 하였다. 그러나 이러한 관학 진흥 정책은 개항 이후 어지러운 정국과 서구 문물의 갑작스런 유입에 따른 향교 유림의 위정척사 경향으로 효과를 거두지 못하였다.

향교는 더욱 피폐해졌고, 갑오개혁이 단행됨에 따라 관학으로서 교육적 기능을 완전히 상실하였다. 즉 예조를 폐지하고 학무아문(學務衙門)을 설치하여 근대 학교 교육을 시행하기 위한 소학교, 중학교, 대학교, 전문학교, 사범학교, 기예학교(技藝學校), 외국어학교 등의 직제를 설치할 때 성균관과 향교를 제외시킴으로써 이들의 교육적 역할을 배제시켰다. 이로써 향촌 사회에서 향교의 역할과 위상이 급속도로 약해졌을 뿐 아니라 유림들의 지위도 약화되어 갔다.

제주향교 향교는 고려시대에 설립되기 시작하여 조선시대에는 '1읍 1교'의 원칙으로 전국에 세워졌지만 세월이 지나면서 많은 변화를 보였다.

이에 유림들은 자신들의 신분적 지위를 확보하고 옛날 교육 기관으로서 향교의 기능을 되찾기 위해 자구책을 마련하게 되었는데, 그것은 서당 설립으로 나타났다. 서당은 비록 근대적인 면모를 갖추지는 못했지만 신식 교육 기관이 설립되기 전까지 외세에 저항할 수 있는 세력을 양성했던 민족 교육 기관으로서 역할을 담당하였다.

우리나라의 근대 교육은 1880년대에 설립되는 신식 학교에서 시작되었다. 최초의 신식 학교는 1883년에 설립된 원산학사(元山學舍)이며, 이후 광혜원(廣惠院)·배재학당(培材學堂)·이화학당(梨花學堂) 등 선교사들에 의해 선교 학교가 세워졌고, 갑오개혁 이후에는 정부에 의해 관·공립학교가 세워지게 되었다.

한편 사립학교는 1905년 이후 구국 운동의 입장에서 민간인에 의해 세워진 학교로 민족주의적 성향이 강하였다. 사립학교는 1909년 이전 사립학교령(私立學校令)이 발표될 때까지 전국에 약 3,000여 개가 설립되었으나, 사립학교령이 발표된 후에는 1,708개교가 설립을 신청하여 242개만이 인가되었다. 이러한 사립학교 가운데에는 향교에서 세운 학교도 포함되어 있었다.

개항 이후 유림들은 대체로 근대 학교 설립에 반대하였으나, 1895년 소학교령(小學校令)이 발표되고 1905년 이후에는 사립학교가 증가하자 점차 근대 교육의 필요성을 느끼게 되었다. 유림들은 여전히 보수적이었지만 향촌 사회에서 자신들의 지위를 유지하기 위한 방법으로 학교 설립에 참여하게 되었다. 전국 각 지역에서 향교를 설립하거나 향교의 재산을 바탕으로 하여 사립학교가 설립, 운영되었다. 학교를 세우기 위해 향교 부지를 떼어 주기도 하고 일부 건물을 헐기도 하는 등 학교의 재원으로 사용되어 향교의 경제적 기반은 한층 약화될 수밖에 없었다.

한편 국가에서는 1895년부터 근대적인 교육을 실시하기 위한 학교 관제를 제정하고, 전국적으로 공·사립학교를 설립할 재원을 마련하기

보성향교　개항 이후 유림들은 사립학교를 세우기 위해 향교 부지를 떼어 주기도 하고 일부 건물을 헐기도 하는 등 학교의 재원으로 사용하여 향교의 경제적 기반은 한층 더 약화되었다.

위해 향교와 서원의 재산을 조사하였다. 당시 개혁을 추진하던 정부로서는 재정이 고갈되어 학교비를 지원할 상태가 아니었으며, 따라서 향교나 서원의 재원을 학교비로 충당하지 않을 수 없었다. 그 가운데서도 향교의 재산과 철폐된 서원의 터가 큰 비중을 차지하였고, 서당을 지원하던 향교 재산은 점차 공립소학교 설립과 운영의 재원이 되어 갔다.

그러나 1899년 각 학교에 소속되었던 향교 전답과 토지를 궁내부(宮內府)에 소속시켜 추수를 거두어 가자 학교 재정은 심각한 타격을 받게 되었다. 더욱이 1908년에 공·사립학교의 경비를 향교 전답에서 나오는 수입으로 충당한다는 정부의 방침이 정해졌고, 장의와 재임 제도를 폐지함으로써 향교는 관청에서 직접 관리하게 되었다.

1910년 일제에 의해 국권을 강탈당한 뒤에는 향교의 지위와 역할이 완전히 변질되었다. 1911년 일제는 「경학원규정(經學院規程)」을 발표하여 성균관과 향교의 교육적 기능을 박탈하고 단지 선현에 봉사하는 사회 교화 기관의 역할만 수행하도록 하였다. 성균관과 향교를 통제하던 경학원은 총독부의 감독을 받으며, 총독의 추천을 받은 유림으로 하여금 향교를 운영하도록 하였다. 더구나 일본 천황이 하사금을 내려 석전을 거행하게 하는 대신 그 대가로 향교 재산을 일제가 관리하였다.

1915년에는 「향교재산관리규정시행규칙(鄕校財産管理規程施行規則)」이 발표되어 석전제조차 정부의 보조금을 받아 거행하게 되고, 향교 건물의 보수도 군수의 감독을 받아야 했다. 이에 대해 1920년대 유림 단체들이 향교 재산의 운영권을 되돌려줄 것을 총독부에 요구하는 '향교재산반환운동'이 전국적으로 일어났으나, 총독부에서는 1920년 「향교재산관리규칙(鄕校財産管理規則)」을 발표하여 교육비로 전용되던 향교 재산의 수입을 향사 비용에 충당한다고 개정함으로써 유림의 움직임을 무마하려고 하였다.

또한 향촌 사회에서 유림이 가지는 영향력을 감소시키고 식민지 통치에 순응하는 집단으로 만들기 위해 친일 유림 단체를 결성하도록 지원하였다. 즉 공자교회(孔子敎會), 유도진흥회(儒道振興會), 유도선명회(儒道闡明會), 대동사문회(大東斯文會) 등은 총독부의 직접적인 지원을 받거나 친일파들로 구성된 단체들이다.

이와는 대조적으로 태극교(太極敎), 공자교(孔子敎), 대동학회(大東學會), 대동교회(大東敎會), 대성교회(大成敎會), 대성원(大聖院), 유교부식회(儒敎扶植會), 조선유교회(朝鮮儒敎會) 등의 단체는 유학 이념을 바탕으로 한 일종의 종교 단체이다. 그러나 이들 유교 유사 단체의 활동으로 인해 유림들의 조직이 동요되었을 뿐 아니라 그뒤 유학이 학문이 아닌 일개 종교 단체의 차원으로 격하되어 인식되는 결과를 가져왔다.

1930년대 들어 일본은 대륙 침략을 위한 전시 체제에 돌입, 조선에 대해 국가 총동원령을 내림으로써 인적·물적 수탈을 강화하였다. 그 가운데 인적 동원을 위하여 일제는 기독교, 불교, 유교 등을 일본화시키는 데 주력하였다. 본래 일제는 향교를 학교로 인정하지 않으면서 유림들을 식민지 통치의 하부 조직으로 흡수하기 위해 유교를 종교 단체로 인정했던 것이다.

이 과정에서 향교는 전쟁 수행을 선전하는 기구가 되어 갔고, 친일 경향의 조선유도연합회(朝鮮儒道聯合會)가 조직되었다. 조선유도연합회는 일본어로 된 기관지 『유도(儒道)』를 발행하고, '황도 정신(皇道精神)을 바탕으로 유도의 진흥을 도모'하는 이른바 '황도 유학(皇道儒學)'을 표방하였다. 이것은 유도가 진흥하기 위해서는 먼저 황도라는 이념의 실현을 통해 대동아공영권(大東亞共榮圈)이 확립되어야 한다는 논리로 전개되었다. 이들은 전국 유림들에게 일본어를 배워 보급시키자는 전문을 보냈으며, 징병제 취지를 홍보하는 운동을 결의한 친일 어용 단체였다. 이처럼 일제침략기 말기의 국가 총동원 체제에서 향교와 유림은 다른 종교 단체와 마찬가지로 전시 체제에 동원되어야만 했다.

일제 말 전세가 기울어진 뒤 향교의 재산 관리와 인원 규정의 부분적인 개정이 있었을 뿐 교육 기능은 완전히 상실한 채 해방을 맞이하게 되었으며, 이후에도 향교는 선현에 대한 향사 기능만 유지하고 있었다. 해방이 되면서 지나친 사대주의를 지양(止揚)하자는 민족적인 자각과 재정상의 이유로 문묘 배향에 커다란 변화가 일어났다. 즉 1949년 전국 유림대회가 열렸을 때, 5성과 송조 2현의 위패를 제외한 108위의 위패를 없애고, 우리나라의 18현도 대성전으로 옮기기로 결의하였다. 또 봄·가을에 거행하던 석전을 폐지하고 공자의 탄생일인 음력 8월 27일에만 한 차례 실시하기로 하였다. 이러한 조치는 10여 년 시행되다가 1961년에 공문 10철과 송조 4현의 위패를 복위시키고 봄·가을 석

대구향교 한문 교실 조선 후기 이후 점차 교육 기능을 상실한 향교는 오늘날 방학을 맞이하여 충효 교실을 개설하는 정도의 교육을 실시하고 있다.

각 지방 향교지

전도 종전대로 실시하기로 결의하였다. 따라서 오늘날 남아 있는 대부분의 향교에서는 봄·가을에 석전을, 매월 초하루와 보름에 분향을 실시하고 있다.

조선 후기 이후 점차 교육 기능을 상실한 향교는 오늘날 방학을 맞이하여 충효 교실을 개설하는 정도의 교육을 실시하고 있다. 충효 교실에서는 예절 교육이나 한문 강좌, 서예 강습, 유도 사상(儒道思想) 강좌 등을 실시하고 있다. 뿐만 아니라 그 지방의 효자와 효부에 대해 표창을 함으로써 효 사상을 선양하는 향교도 있고(남평 등), 향교 건물의 일부를 고시 준비생에게 제공하기도 하며(나주 등), 향교를 예식장으로 개설하여 지방민에게 직접적으로 도움을 주는 향교(순천 등)도 있다.

소장 전적

　조선시대 향교는 국가에서 서책을 지급받아 교생들의 교육에 사용함
은 물론 그 지역의 도서관 역할도 담당하였다. 뿐만 아니라 관아나 문
중, 타지역의 향교나 서원에서 간행되는 서적도 우선적으로 기증받았
으므로 향교는 지방 문화 육성의 중심처가 되었다.

　그 동안 조선시대의 두 양란과 최근의 한국전쟁을 통하여 대다수 향
교와 서적들이 유실되었음에도 불구하고 향교에는 많은 서책들이 보존
되어 있다. 우선 교생들의 교과목이었던 『소학』, 『논어』, 『맹자』, 『중
용』, 『대학』, 『시경』, 『서경』, 『역경』, 『춘추』, 『예기』, 『효경』, 『성리대
전』, 『삼강행실도』, 『심경』, 『근사록』, 『가례』, 『통감』, 『송원절요』 등
과 『공부자성적도(孔夫子聖蹟圖)』, 『공자편년(孔子編年)』, 『맹자편년
(孟子編年)』, 『주자대전(朱子大全)』, 『송자대전(宋子大全)』, 『국조오례
의』 등 유학과 관련된 서적 등은 모든 향교가 공통으로 보관하는 서책
이었다. 이와는 대조적으로 개별 향교에서만 유일하게 보관하는 서적
이나 기록물을 살펴보면 다음과 같다.

　선생안(先生案)　　지방의 역대 수령 명단을 기록한 책.

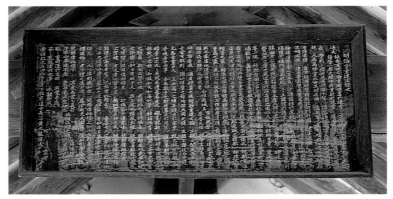

남원향교 명륜당 중건 상량문 향교 건물 중수와 관련된 내용으로 비석에 새기거나 현판, 책으로 남기게 된다.

사마안(司馬案) 지방 출신으로 생원·진사 시험에 합격한 사람들의 명부.

교임안(校任案) 향교 교임들의 명부.

청금안(靑衿案) 유안(儒案), 청금록이라고도 하며 동재 유생들의 명단을 적은 책.

교생안(校生案) 서재안이라고도 하며, 서재 교생들의 명단을 기록한 책.

향안(鄕案) 향록(鄕錄)이라고도 하며, 재지사족(在地士族)들의 명부.

향교전답안(鄕校田畓案) 향교의 전답 소유 상태, 경작 실태 등을 기록한 자료.

노비안(奴婢案) 향교 소속 노비들의 명부.

중수기(重修記) 향교 건물 중수와 관련된 내용. 비석에 새기기도 하고, 현판이나 책으로 남기기도 한다.

이러한 자료들은 해당 향교만 소유하고 있는 귀중한 자료로서 조선시대 유학교육사, 향촌사회사, 경제사, 재지사족의 정치적·사회적 기능 등 각 분야에서 1차 사료로 이용될 수 있는 자료들이다. 즉 소장 자료를 통해 향교의 연혁과 인적 구성 및 운영, 경제적 기반과 재정 운영의 변화뿐 아니라 향권을 장악하기 위한 구향(舊鄕)과 신향(新鄕) 사이의 갈등 관계, 향안 입록 절차, 신분제의 변화, 향청과의 관계 등도 살펴볼 수 있다.

이 밖에 특정 향교가 보관하고 있는 독특한 자료를 몇 가지 소개하면 다음과 같다.

단성현 호적대장 단성향교에서 소장하고 있는 것으로 이 책에는 호적 작성 관계자와 수령, 관찰사의 서명, 수결이 있어 조선 후기 사회사 연구에 귀중한 자료가 되고 있다.

능주향교   향음례계병인설안(鄕飮禮禊幷刃設案)은 목사가 참석한 가운데 유림들이 거행한 향음주례에 대한 기록으로 향음주례 규정, 참석자 명단, 행사시 임무 등이 수록되어 있다.

신령향교   『고왕록(攷往錄)』은 임진왜란 때 의병 관련 사적과 영조 4년(1728) 이인좌의 난 때 신령 지역의 인물 중에서 공을 세운 사람들의 사적을 기록한 것이다.

경주향교   『각공문편찬철(各公文編纂綴)』은 한말과 일제강점기 때 향교의 실태를 살펴볼 수 있는 관부 문서로 향교가 일제에 의해 장악되어 가는 모습을 엿볼 수 있는 자료이다.

하양향교   『하양현감서목(河陽縣監書目)』과 『하양환성사결송(河陽環城寺決訟)』은 환성사를 두고 하양향교가 영천의 임고서원과 벌인 속사 쟁탈전을 기록한 문서로 조선 후기 향교와 서원 및 사찰과의 관계를 고찰하는 데 중요한 자료이다.

단성향교   조선 후기 현의 호구를 리(里)별로 정리한 『단성현 호적대장(丹城縣戶籍臺帳)』이 국내 유일하게 보관되어 있다. 이 책에는 호적 작성 관계자와 수령, 관찰사의 서명, 수결(手決)이 있어 조선 후기 사회사 연구에 귀중한 자료가 되고 있다.

향교의 역사적 의의

향교는 우리나라 전통시대에 지방(향촌)에 설립되어 국가에서 운영하던 중등 교육 기관이다. 향교가 전국적으로 '1읍 1교'의 원칙으로 운영된 것은 14세기 말 조선 왕조가 개창되면서부터이다. 조선 왕조는 유학(성리학)을 국가의 지도 이념으로 삼아 숭유배불 정책을 통치의 수단으로 삼았다. 이에 따라 백성들을 교화하고 유학의 소양을 갖춘 관리를 양성하기 위해 교육이 필요하였고 그 결과 전국적으로 향교가 설립되었다.

조선시대 향교는 교육 기관일 뿐 아니라 종교적 기능, 사회 교화 기관, 공론 소재처, 지방 문화의 중심지로서 차지하는 영역이 넓었으며, 향교 건물 자체도 조선시대의 대표적 목조 건축물로써 가치가 있었다. 향교의 건물 구조는 일반적으로 배향 공간과 교육 공간으로 나누어져 있다. 즉 공자를 비롯한 중국의 성현과 우리나라 18현유(賢儒)의 위패를 봉안한 문묘(대성전), 동·서무가 배향 공간에 속하며, 교생들의 교육을 위한 명륜당, 동·서재는 교육 공간에 속하는 건물이다.

중앙 집권적 전제 군주국가였던 조선 왕조의 지방 제도는 군현제(郡縣制)를 채택하여 중앙 관료인 수령을 지방에 파견하여 통치하였다.

향교도 제도적으로 교관이란 중앙 관료가 파견되는 것이 원칙이었다. 그러므로 향교의 유지와 운영을 위하여 국가에서는 토지, 서책, 노비를 지급하였다.

향교의 중요한 행사 가운데 하나는 문묘 향사였다. 봄·가을에 모시는 석전제와 초하루·보름에 지내는 삭망제가 그것이다. 이는 공자를 비롯한 성현들의 제사를 통하여 유교 사상의 유지와 보급에 그 의의가 있었다.

조선시대 교육 제도에서 관학은 고등 교육 기관인 성균관과, 중등 교육 기관으로 중앙에 4학(四學)과 지방에 향교가 있었다. 사학은 중등 교육 기관인 서원과 초등 교육 기관인 서당이 있었다. 향교는 양반과 양인을 불문하고 서당을 거친 자제들을 교생으로 받아들여 과거 시험에 대비하고 유학의 소양을 갖춘 선비를 길러내는 목적을 가지고 운영하였다.

교생은 군현에 따라 정원이 달리 책정되어 있었으며 일정 기간 교육을 받으면 초시(初試, 생원·진사 시험)에 응시할 수 있었고 이에 합격하면 성균관 유생으로 입학이 허용되며 대과(문과)에 응시할 수 있는 자격이 주어졌다. 교생은 향교 재학 기간 동안 국역이 면제되는 등의 특권을 가지고 있었다.

향교는 이러한 기능뿐만 아니라 그 지방 일반 백성들을 상대로 유풍을 진작시켜 미풍양속을 고취시키고 도의 생활을 앙양하는 교화 사업도 펼쳤다. 그 예로 향음주례와 향사례를 주관하였으며 특히 조선 후기에는 향약을 제정·시행하면서 향촌 사회의 상부상조 활동을 적극적으로 이끌어냈으며 지방의 공론과 문화를 이끌어 가는 역할을 하였다.

이처럼 조선시대 향교는 정치를 담당하는 관아(官衙)와 함께 교화를 담당하면서 향촌 사회를 운영하는 등 중요한 의미를 지녔다. 그러나 15세기 후반에 들어 향교는 교육 기능이 쇠퇴하고 문묘에 제사지내고 사

회 교화를 담당하는 곳으로 존속하게 되었다. 또한 사학인 서원의 숫자
가 크게 늘면서 상대적으로 침체되는 결과가 초래되었다.

오늘날 향교는 지역 주민을 위해 충효 교실을 개설하는 정도의 교육
을 실시하고 있다. 비록 초기의 설립 목적과 비교하여 지위와 역할은
많이 변질되었지만 여전히 선현에 대한 향사를 주관하고 지방민에게
직·간접적으로 도움을 제공하는 등 그 기능과 역할을 면면히 이어오
고 있다.

남한의 향교 일람표

시도	향교명	소재지	건립시기	주요 연혁	비고
서울	양천(陽川)	강서구 가양동	1411년	1963년 김포군에서 서울시로 편입. 1977년 이후 대성전·명륜당·동서재 복원.	
부산	동래(東萊)	동래구 명륜동	1605년	현 동래고교 자리에 창건한 것을 1705년 관노산 아래로 이건. 1745년 동문 밖으로 이건. 1785년 내곡동으로 이건. 1812년 현 위치로 이건. 1611년 대성전 중수. 1665년 반화루 건립. 1641년 동·서무 중창.	
	기장(機張)	기장군 기장면 교리	1440년	임진왜란 때 소실. 1617년 복원. 1974년 대성전 보수.	
대구	대구(大邱)	중구 남산동	1398년	교동에 창건한 것이 1400년 화재로 소실. 그뒤 재건한 것이 임진왜란 때 소실. 1599년 현 달성공원 부근에 재건. 1605년 교동으로 이건. 명륜당 중건. 1932년 현 위치로 이건.	
	칠곡(漆谷)	북구 읍내동	조선 중기	기록 전하지 않음.	
	현풍(玄風)	달성군 현풍면 상리	조선 초기	임진왜란 후 옛 교동에 중건. 1759년 현 위치로 이건. 1901년 중수. 1914년 행정구역 변경으로 달성군 관할이 됨. 1931년 대성전, 동·서무, 명륜당 중수. 1969년 명륜당 보수. 1975년 동·서무 중수. 1978년 내삼문 중수. 1979년 외삼문 중수.	
인천	강화(江華)	강화군 강화읍 관청리	1127년	고려산 남쪽 기슭에 창건한 것을 1232년 갑곶리로 옮겼다가 몽고군의 침입으로 서도면으로 이건. 그뒤 강화군으로 옮겼다가 1624년 송악산 옆에 복원함. 1629년 명륜당 중건. 1688년 남문 근처로 이건. 1731년 현 위치로 이건. 1766년 중수.	
	교동(喬桐)	강화군 교동면 읍내리	1127년	화개산 북쪽에 있던 것을 조선 중기 현 위치로 이건.	
	부평(富平)	북구 계산동	1127년	계양산 아래 창건. 병자호란 때 소실된 뒤 중건. 1921년 대성전 보수.	

시도	향교명	소 재 지	건립 시기	주 요 연 혁	비고
인천	인천(仁川)	남구 관교동	조선	병자호란 때 소실. 1702년 재건. 1941년 부평향교에 통합되었다가 1947년 분리. 1976년 대성전, 명륜당, 삼문 등 보수.	
광주	광주(光州)	서구 구동	1392년 1398년 (정)	호환으로 인해 동문 안으로 이건. 1488년 수해로 현 위치로 이건. 정유재란 때 소실 뒤 중건. 1803, 1855년 중수. 1974년 대성전 보수. 1978년 명륜당 보수.	
대전	회덕(懷德)	대덕구 읍내동	조선 초기	선조 때 중건. 1812년 중수. 1969년 명륜당 보수.	
	진잠(鎭岑)	중구 원내동	1405년	기록 전하지 않음	
울산	울산(蔚山)	남구 교동	조선 선조	임진왜란 때 소실. 1652년 현 위치에 복원. 1711년 청원루(淸遠樓) 건립.	
	언양(彦陽)	울주군 삼남면 교동리	조선	반월산 아래 창건한 것을 현 위치로 이건. 화장산 아래로 이건했다가 현 위치로 다시 이건. 1696년 대성전 중수. 1700년 명륜당, 동 · 서재 중건. 1859 · 1870년 중수. 1985년 대성전 보수. 1986년 명륜당, 동재 중수.	
강원	간성(杆城)	고성군 간성읍 교동리	1420년	1546년 용연동에서 교동리로 이건. 임진왜란 때 소실. 1640년 명륜당 중건. 1850년 현 위치로 이건. 한국전쟁 때 소실. 1954년 재건.	
	강릉(江陵)	강릉시 교동	1279년? 1313년? (고려 말)	소실된 것을 1313년 화부산 아래에 설립. 1411년 재차 소실. 1413년 중건. 1909년 화산학교 설립. 1910년 폐교. 1928년 강릉공립농업학교 설치. 강릉공립상업학교, 강릉공립여학교, 옥천초등학교 개교. 1963년 명륜당, 동 · 서재 보수. 1979년 대성전 보수.	
	삼척(三陟)	삼척시 삼척읍 교동	1398년	1407년 옥서동 월계곡으로 이건. 1468년 현 위치로 이건.	
	양구(楊口)	양구군 양구읍 상리	1405년	임진왜란 때 소실. 1737년 상리에서 하리로 이건. 한국전쟁 때 불탐. 1957년 현 위치에 증건. 1972년 대성전 중수.	

시도	향교명	소 재 지	건립 시기	주 요 연 혁	비고
강원	양양(襄陽)	양양군 양양읍 임천리	고려 충숙왕	구교리에 창건한 것을 1632년 현 위치로 이건. 한국전쟁 때 소실. 1952년 대성전, 명륜당, 동·서재 신축. 1954년 명륜중학교 설립. 1970년 기술학교로 개편. 1975년 폐교.	
	영월(寧越)	영월군 영월읍 영흥2리	1398년	한국전쟁 때 대성전 외 모든 건물 소실. 1973년 대성전 중수.	
	원주(原州)	원주시 명륜동	고려 인종	1422년 중건. 임진왜란 때 소실. 1603년 대성전 중건. 1608년 명륜당, 동·서재 복원. 한국전쟁 때 일부 건물 파괴.	
	인제(麟蹄)	인제군 인제읍 상동리	1610년	1615년 군의 서쪽으로 이건. 1804년 동쪽으로 다시 이건. 1930년 대홍수로 수해를 입음. 1934년 현 위치로 이건. 한국전쟁 때 대성전 외 모두 소실. 1954년 명륜당 중건. 1966년 동·서재 재건. 1967년 전면 보수, 대성전, 삼문루 중건.	
	정선(旌善)	정선군 정선읍 봉양리	1110년	1605년 홍수로 유실. 1611년 삼봉산 아래에 이건. 1661년 삼봉산 서쪽으로 이건. 1682년 중건. 1732년 현 위치로 이건. 1880·1897·1917·1924·1931·1934·1938·1942·1963년 중수.	
	철원(鐵原)	철원군 철원읍 화지4리	고려 태조	1568년 중건. 임진왜란 때 소실. 1637년 복원. 1915년 대성전, 명륜당 증축. 광복 후 고아원으로 사용. 한국전쟁 때 불에 탐. 1957년 현 위치에 중건.	
	춘천(春川)	춘천시 교동	조선 초기	1594년 중건. 1601년 명륜당 증축. 광해군·인조·영조 때 중수. 한국전쟁 때 파괴. 그뒤 1960년 대성전 복구. 1962년 담장 보수.	
	평창(平昌)	평창군 평창읍 하리	1658년	1719·1729·1885·1915년 중수. 한국전쟁 때 일부 건물 파괴. 1953년 중수. 1977년 보수.	

시도	향교명	소 재 지	건립 시기	주 요 연 혁	비고
강원	홍천(洪川)	홍천군 홍천읍 희망리	정종 1399년? 1400년? 1531년(정)	두촌면 철정리에 창건한 것을 화촌면 심포리로 옮겼다가 현 위치로 이건. 1910년 동·서재 중설. 1·4후퇴 때 대성전·서재·서적류 전소. 1957년 대성전·명륜당·서재 재건. 1967년 개수.	
	화천(華川)	화천군 화천읍 하리	여말 선초	한국전쟁 때 소실. 1960년 대성전·내삼문 재건. 1974년 명륜당·제기고·외삼문 중건. 1973년 전체 단청 보수. 1982년 홍살문 건립	
	횡성(橫城)	횡성군 횡성읍 읍상리	1398년? 조선 태조(정)	1647년 대성전 건립. 1727년 중수. 1769년 전면 보수. 한국전쟁 때 소실. 1954년 동·서재 중건. 1960년 명륜당 중건. 1971년 대성전 재건. 1978년 대성전 개축.	
경기	가평(加平)	가평군 가평읍 읍내리	1398년	1979년 부속 건물 신축, 보수. 1980년 전체 건물 보수.	
	고양(高陽)	고양시 덕양구 고양동	1398년	처음에 대자산 향교골에 창건. 임진왜란으로 소실된 후 재건. 1689년 국장 문제로 현 위치로 이건. 한국전쟁으로 소실. 1975년 이후 중건.	
	과천(果川)	과천시 중앙동	1398년	1402년 화재로 소실. 1410년 재건. 임진왜란 때 소실. 1600·1639년 중건. 1690년 현 위치로 이건. 1944년 시흥향교·안산향교를 과천향교에 통합. 1959년 시흥향교로 개칭한 것을 1996년에 과천향교로 고침. 1975년 전면 보수.	
	광주(廣州)	광주시 동부읍 교산리	조선 후기	금암산에 있던 향교를 1626년에 남한산성으로 이건. 1703년 현 위치로 이건. 1788년 중수. 1859년 명륜당 중수. 1956년 전면 중수.	
	교하(交河)	파주시 금촌읍 금릉리	1407년	처음에 갈현리에 창건된 것을 1731년에 현 위치로 이건. 1971년 대성전 중수.	
	김포(金浦)	김포시 김포읍 북변리	1127년	장릉(章陵)이 조성되면서 걸포동으로 옮겼다가 현 위치로 이건. 1972년 전면 보수.	
	남양(南陽)	화성시 남양면 남양리	1397년	1873년 현 위치로 이건. 1973년 명륜당 멸실. 1976·1983년 대성전 보수.	

시도	향교명	소 재 지	건립 시기	주 요 연 혁	비고
경기	수원(水原)	수원시 권선구 교동	조선 초기	정조대 화성시 봉담면 와우리에서 현 위치로 이건. 1795년 중건. 1959년 대성전·명륜당 보수. 1978년 대성전 보수. 1983년 유림회관 증축.	
	안성(安城)	안성시 안성읍 명륜동	1532년	임진왜란 때 소실된 뒤 중건. 1969년 보수.	
	양근(楊根)	양평군 옥천면 옥천리	중종	기록 전하지 않음.	
	양성(陽城)	안성시 양성면 동항리	1680년	1774년 중창. 1898년 대성전 중수. 1917년 명륜당 중수.	
	양주(楊州)	양주시 주내면 유양리	인조	한국전쟁 때 소실. 1959년 중건.	
	양지(陽智)	용인시 내사면 양지리	1523년	1697년 대성전 중수. 1792년 명륜당 중건.	
	여주(驪州)	여주군 여주읍 교리	조선 초기	상리에 창건한 것이 임진왜란 때 소실. 홍문리에 중건. 마을 주민 희생자가 다수 발생하여 현 위치로 이건.	
	연천(漣川)	연천군 연천읍 차탄리	1407년	1910년 이후 학술강습소로 사용. 1916년 보통학교로 개편. 1941년 삭녕향교로 합설. 한국전쟁 때 소실. 1965년 대성전 중건.	
	용인(龍仁)	용인시 구성면 언남리	1400년	한국전쟁 때 일부 건물 파손. 대성전만 있음.	
	이천(利川)	이천시 이천읍 창전리	1402년	1717·1846년 중수. 1906년 대성전 개수. 1916년 명륜당 이건	
	적성(積城)	파주시 적성면 구읍리	조선	한국전쟁 때 소실. 1970년 복원. 1971년 명륜당 신축. 1975년 전면 보수.	
	죽산(竹山)	안성시 이죽면 죽산리	1533년	기록 전하지 않음.	
	지평(砥平)	양평군 지제면 지평리	1773년	1684년 현 위치로 이건. 1773년 중창.	
	진위(振威)	평택시 진위면 봉남리	조선 초기	병자호란 때 소실된 후 재건. 1923·1934년 중수	
	통진(通津)	김포시 월곶면 군하리	1127년	1965·1966년 명륜당 중수, 부속 건물 보수.	
	파주(坡州)	파주시 파주읍 파주리	1398년	1870년 물난리로 현 위치에 이건. 1971년 대성전·삼문 중수.	
	평택(平澤)	평택시 팽성읍 객사리	조선 초기	일제 때 일시 농민학교로 사용.	
	포천(抱川)	포천시 군내면 구읍리	1173년	임진왜란 때 소실. 1594년 중건. 한국전쟁 때 소실. 1962년 중수.	
경남	거제(巨濟)	거제시 거제면 서정리	조선 초기	1592년 임진왜란으로 소실. 1666년 서정리로 이건. 1715년 거제현 도촌동으로 이전. 1854년 현 위치로 이건.	

시도	향교명	소 재 지	건립 시기	주 요 연 혁	비고
경남	거창(居昌)	거창군 거창읍 가지리	1415년	1415년 대성전 건립. 1572년 중건. 1574년 명륜당 건립. 임진왜란 때 소실. 1623년 대성전 중건. 1714년 춘풍루 건립. 1748년 현 위치로 이건. 1809년 중건. 1976년 전면 복원.	
	고성(固城)	고성군 고성읍 교사리	1398년	임진왜란 때 소실. 1607년 중건. 1726년 고성군이 통영군과 합쳐지면서 현재의 통영시 선도면 죽림리로 이건. 1876년 군이 환원되면서 현 위치로 이건. 1984년 보수.	
	곤양(昆陽)	사천시 곤양면 송전리	미상	교동에 창건된 것을 1807년 위치가 좁고 나빠 현 위치로 이건. 1822년 대성전 중수. 1947년 화재로 소실. 1975년 명륜당 보수.	
	김해(金海)	김해시 대성동	1408년	임진왜란 때 소실. 1600년 다전동에 중건. 1683년 산사태로 붕괴. 1688년 현 위치로 이건. 1693년 명륜당 중건. 1769년 화재로 소실. 1770년 재건. 1880·1904년 중수. 1972년 대성전·명륜당 중수.	
	남해(南海)	남해군 남해읍 북변리	조선 초기	1669년 대성전 중수. 1678년 명륜당 중수. 1892년 대성전을 현재 위치로 이건. 1917년 명륜당 이건.	
	단성(丹城)	산청군 단성면 강루리	고려 인종	세종 때 강루리 구인동에서 서쪽 산기슭으로 이건. 1728년 명륜당 중건. 1740년 대성전 중수. 1752년 현 위치로 이건. 1794·1841년 대성전 중수. 1895년 교궁 중수. 1909년 동재 보수. 단성현 호적대장(경남유형문화재 제139호) 보관	
	밀양(密陽)	밀양시 밀양읍 교리	여말 선초	임진왜란 때 소실. 1602년 중창. 1821년 중수.	
	사천(泗川)	사천시 사천읍 선인리	1421년	임진왜란 때 소실. 1645년 중건. 1664년 대성전 중건. 1914년 교궁 중수.	

시도	향교명	소 재 지	건립 시기	주 요 연 혁	비고
경남	산청(山淸)	산청군 산청읍 지리	1440년	임진왜란 때 일부 소실. 정유재란 때 완전 소실. 1601년 이건. 병자호란 때 소실. 1755년 현 위치로 이건. 1806년 명륜당 중수. 1870년 대성전 중수. 1874년 명륜당 중수.	
	삼가(三嘉)	합천군 삼가면 소오리	조선 세종	1520년 명륜당 보수. 임진왜란 때 소실. 1612년 중건. 1826년 대성전을 현 위치로 이건. 풍화루·홍학당 중수.	
	안의(安義)	함양군 안의면 교북리	1473년	정유재란 때 소실. 1607년 중건. 1729년 현이 없어져 폐교. 1736년 재건. 1818·1826년 중수. 1873년 대성전·명륜당 중수. 1880·1892년 중수.	
	양산(梁山)	양산시 양산읍 교리	1406년	임진왜란 때 소실. 1603년 대성전 중창. 1612년 동·서무, 정문 건립. 1626년 대성전, 동·서무 중수. 1633년 명륜당 신축. 1676년 현 위치로 이건. 1683년 옛터로 이건했다가 1828년 현 위치로 이건. 1863년 전면 중수. 1898년 대성전 중수. 1906년 원명학교 설립. 1955년 명륜당 중수. 1956년 양산고등공민학교 설립. 1970년 대성전·명륜당 보수.	
	영산(靈山)	창녕군 영산면 교리	조선 중종	임진왜란 때 소실. 1604년 중건. 1959년 대성전·명륜당 중수.	
	의령(宜寧)	의령군 의령읍 서리	1617년	1772년 중수. 한국전쟁 때 파손. 1975년 중수.	
	진주(晉州)	진주시 옥봉동	여말 선초	1398년 중건. 1558년 대성전, 동·서무 중수, 명륜당, 동·서재, 풍화루 신축. 임진왜란 때 소실. 1603년 대성전 중건. 1644년 명륜당, 동·서재 중건. 1811·1907년 중수. 1979년 동·서재 중건. 1984년 명륜당 중수. 1985년 풍화루 중수.	

시도	향교명	소 재 지	건립 시기	주 요 연 혁	비고
경남	창녕(昌寧)	창녕군 창녕읍 교리	효종	1913년 화재로 소실. 1914년 대성전, 동·서무 중건. 1926년 풍화루 중수. 1959년 명륜당 중수. 1960년 풍화루 소실 뒤 재건. 1980년 동·서재 복원.	
	창원(昌原)	창원시 소답동	고려 충렬왕	1705년 청룡산 아래로 이건. 1749년 현재 위치로 이건. 1780년 명륜당 중수. 1841년 풍화루, 서재 중수. 1975·1976년 전면 보수.	
	초계(草溪)	합천군 초계면 초계리	1628년	1843년 중수.	
	칠원(漆原)	함안군 칠원면 용산리	조선 초기	1623년 교동에 중건. 1760년 현위치로 이건. 1846년 대성전 중수. 1879년 보수. 1910년 함안 향교에 병합되었다가 1957년 복원 중수.	
	통영(統營)	통영시 광도면 죽림리	1901년	네 차례 중수. 기록 전하지 않음.	
	하동(河東)	하동군 하동읍 읍내리	조선	1730년 횡보면 내기동에서 진답면 나동으로 대성전만 이건. 1736년 명륜당을 현 위치로 이건. 1744년 대성전도 현 위치로 이건. 1847·1920년 중수. 한국전쟁 때 소실된 풍화루는 1966년 재건.	
	함안(咸安)	함안군 함안면 봉성리	1392년	파수리에 창건한 것을 1595년 현위치로 이건. 1596년 동·서무, 명륜당, 동·서재, 풍화루 등 건립. 1910년 중수. 한국전쟁 때 대성전, 명륜당, 동·서재, 전적류 소실. 1955년 명륜당 중건. 1957년 동·서재 중건.	
	함양(咸陽)	함양군 함양읍 교산리	1398년	현재 위치로 이건 후 임진왜란 때 소실. 1603년 대성전, 동·서무, 명륜당, 제기고 등 중건. 1610년 동·서재, 태극루, 내삼문 등 건립.	
	합천(陜川)	합천군 야로면 구정리	조선 세종	1843년 대성전 중수. 1881년 수해로 합천군청이 야로면으로 이전하면서 향교도 이건. 1967년 대성전, 명륜당, 동·서무 보수.	

시도	향교명	소 재 지	건립 시기	주 요 연 혁	비고
경북	개령(開寧)	구미시 개령면 동부동	1473년	1522년 중수. 1563년 보수. 1609년 잦은 수해로 인해 동쪽으로 이건. 1837년 현 위치로 이건. 일제강점기 말 금산향교와 폐합. 1946년 복원. 1961년 대성전 개수. 1982년 대대적 보수.	
	경산(慶山)	경산시 신교동	1390년	1550년 중수. 임진왜란 때 소실. 1633년 중수. 1681년 현 위치로 이건. 1702·1715·1721·1725년 보수. 1803·1808·1837년 대성전 중수. 1911년 경산공립보통학교 건립시 부지의 일부를 학교에 제공하기 위해 명륜당, 동·서재를 해체함.	
	경주(慶州)	경주시 교동	고려	1492년 중수. 임진왜란 때 대성전 소실. 1600년 대성전 중건. 1614년 명륜당 중수, 동·서무 중건.	
	고령(高靈)	고령군 고령읍 연어리	미상	임진왜란 때 소실. 1676년 중건. 1702년 현 위치로 이건. 1974년 전면 보수. 사찰에 사용한 듯한 석재가 향교 건물에 이용됨.	
	군위(軍威)	군위군 군성읍 동부동	1407년	임진왜란 때 소실. 1607년 하곡동으로 이건. 1701년 현 위치로 이건. 1973년 전면 보수.	
	김산(金山)	김천시 교동	1392년	임진왜란 때 소실. 1634년 대성전·명륜당 중건. 1970년 전면 해체 보수.	
	문경(聞慶)	문경시 문경읍 교촌리	1392년	임진왜란 때 소실된 뒤 중건. 숙종 어필 병풍 소장.	
	봉화(奉化)	봉화군 봉성면 봉성리	조선 세종	1579년 중건. 1925년 중수. 1950년 봉성고등공민학교 설치, 1975년 폐교. 1975년 전면보수.	
	비안(比安)	의성군 안계면 교촌리	조선	임진왜란 때 소실되었다가 현 위치에 중건. 1898·1924·1935년 중수.	
	상주(尙州)	상주시 신봉동	1426년	임진왜란 때 소실. 1618년 중건. 1949년 향교 경내 일부가 남산중학교로 됨.	

시도	향교명	소재지	건립 시기	주요 연혁	비고
경북	선산(善産)	선산군 선산읍 교리	1450년	임진왜란 때 소실. 1600년 대성전, 동·서재 중건. 1967년 보수.	
	성주(星州)	성주군 성주읍 예산리	1398년	임진왜란 때 양사재·만화루 소실. 한국전쟁 때 동·서재 소실.	
	순흥(順興)	영주시 순흥면 청구리	조선	금성에 창건한 것을 1718년 위야동으로 이건. 1750년 석교리로 이건. 1770년 현 위치로 이건. 1971년 중수. 1975년 누각 보수.	
	신령(新寧)	영천시 신령면 화성리	조선	임진왜란 때 소실. 1615년 중건. 1686년 현 위치로 이건. 1970년 대성전 중수. 1974·1976년 전면 보수.	
	안동(安東)	안동시 송천동	조선	1986년 중건	
	영덕(盈德)	영덕군 영덕읍 화개리	조선	1914년 영덕공립보통학교로 사용하다가 1924년 학교가 신축되자 복원. 1944년 영해향교와 합침. 한국전쟁 때 불에 탐. 1965년 현 위치 부지 매입. 1967년 대성전·명륜당·동재 신축. 1981년까지 대대적 보수.	
	영양(英陽)	영양군 일월면 도계리	1679년	1701년 육영루 신축. 1925년 철거. 1932년 동·서무 철거. 그뒤 동·서재도 철거. 1974년 명륜당 보수.	
	영일(迎日)	포항시 효자동	1507년	임진왜란 때 소실. 숙종 때 대송면 지자동에 중건. 1867년 현 위치로 이건. 1924년 명륜당 중수. 일제 강점기 때 명륜학교로 사용. 한국전쟁 때 대성전 일부 파괴. 1967년 명륜당 보수. 1970·1976년 전면 보수.	
	영주(榮州)	영주시 하망동	1368년	1433년 중수. 1577년 중수. 광복 후 영주여자중학교 설립. 1970년 명륜당 중수.	
	영천(永川)	영천시 교촌동	1435년	1513년 중수. 1622년 중건. 1546년 명륜당 창건. 1570년 소실된 뒤 1619년 중건. 1782년 화재로 일부 건물 소실. 1784년 개축. 1909년 명륜학교 설립. 1910년 봉명보통학교로 개칭. 1911년 영천공립보통학교로 개편.	

시도	향교명	소 재 지	건립 시기	주 요 연 혁	비고
경북	영해(寧海)	영덕군 영해면 성내리	1346년	창건시 대성전, 동·서무 건립. 1529년 명륜당·태화루 건립. 1590년 전면 보수. 임진왜란 때 소실. 1671년 명륜당 중수. 1800·1838년 중수. 1944년 철폐되어 영덕향교에 통합. 한국전쟁 때 영덕향교 소실. 1979년 영해향교 중건.	
	예안(禮安)	안동시 도산면 서부리	1415년	1490·1569·1625·1745년 중수. 1841년 보수. 1900·1954년 중수. 1981년 명륜당, 동·서재 보수.	
	예천(禮泉)	예천군 예천읍 백전리	1407년	1418년 현 위치로 이건. 1656·1658년 중수. 동·서재, 동·서무는 없음.	
	용궁(龍宮)	예천군 용궁면 향석리	1398년	1400년 소실. 1512년 현 위치로 이건. 임진왜란 때 소실. 1603년 대성전, 명륜당 중건. 1636년 세심루(洗心樓) 중건.	
	울진(蔚珍)	울진군 울진읍 읍내리	1484년	월변동에 창건한 것을 1697년 고성리로 이건. 1872년 현 위치로 이건. 1878년 대성전 중수. 한국전쟁 때 대성전, 동재 외 모두 소실. 1980년 명륜당 중건.	
	의성(義城)	의성군 의성읍 도동리	1394년	1545년 중수. 기록 전하지않음.	
	의흥(義興)	군위군 의흥면 읍내리	조선 인종	임진왜란 때 소실. 경상도 향교 중 유일하게 최초의 위패를 보존. 1601년 중건. 1614년 읍의 서편으로 이건. 1641년 현 위치로 이건. 한국전쟁 때 일부 건물 파괴. 1968년 광풍루 중수.	
	인동(仁同)	구미시 임수동	여말 선초	처음에 황산동 어운산 아래에 창건. 임진왜란 때 소실. 1601년 안태리에 이건. 1634년 인의동으로 이건. 1988년 현 위치로 이건.	
	자인(慈仁)	경산시 자인면 교촌리	고려 공민왕	1562년 중건. 임진왜란 때 소실. 1615년 도천산(到天山) 아래에 중건. 1728년 현 위치로 이건. 1900·1922·1926년 대성전 중수. 1924년 명륜당 중수.	

시도	향교명	소 재 지	건립 시기	주 요 연 혁	비고
경북	장기(長鬐)	영일군 지행면 읍내리	1396년	임진왜란 때 소실. 1600년 중건. 1725년 마현동으로 이건. 고종 때 장기성 내 객관으로 이건. 1970년 명륜당 보수. 1975년 대성전 보수.	
	지례(知禮)	금릉군 지례면 교리	1426년	1485년 명륜당 부설. 임진왜란 때 불에 탐. 1690년 중수. 일제강점기 말 금산향교와 폐합. 1946년 복원. 1973년 중수.	
	진보(眞寶)	청송군 진보면 광덕리	1404년	임진왜란 때 소실된 뒤 중건. 1976년 대성전 보수.	
	청도(淸道)	청도군 화양읍 교촌리	1568년	1626년 합천리로 이건. 1683년 중수. 1734년 현 위치로 이건. 1843·1929년 대성전 중수. 1978년 명륜당 보수.	
	청송(靑松)	청송군 청송읍 월막리	1426년	임진왜란 때 전소. 1606년 대성전 건립. 1629년 명륜당, 동·서무 증축. 1693년 현 위치로 이건. 1700년 청아루 증축. 1869년 전면 보수. 1975년 대성전 보수.	
	청하(淸河)	영일군 청하면 덕성리	1398년	서정리에 창건한 것을 1713~1717년 현 위치로 이건. 1811·1923년 중수. 1964년 명륜당 중수. 1968년 대성전 중건. 1975·1977년 전면 보수.	
	평해(平海)	울진군 평해읍 평해리	고려 공민왕	1407년 송릉으로 이건. 1612년 현 위치로 이건. 1976년 대성전 보수. 1977년 태화루 복원, 명륜당 중수.	
	풍기(豐基)	영주시 풍기읍 교촌리	조선 초기	1542년 금계동 임실 마을 서편에서 현 위치로 이건. 1692년 옛터로 이건. 1735년 현 위치로 다시 이건. 한국전쟁 때 양심루, 동·서재 소실. 1977년 대성전 중수. 1980년 명륜당 중건. 1983년 서무 중수.	
	하양(河陽)	경산시 하양읍 교리	1580년	임진왜란 때 소실. 1608년 대성전 중건. 1622년 명륜당 중건. 1803년 대성전 중수. 1862년 대성전·명륜당 중수. 1903년 명륜당 중수. 1908년 대성전 중수.	
	함창(咸昌)	상주시 함창읍 교촌리	조선 초기	1417년 현 위치로 이건. 1907년 명륜당 중수. 1972년 명륜당 전면 보수.	

시도	향교명	소 재 지	건립 시기	주 요 연 혁	비고
경북	흥해(興海)	영일군 흥해읍 옥성리	1398년	한국전쟁 때 대성전·동무 외 모든 건물 불에 탐. 중수기문도 소실. 1953년 명륜당 신축. 1971년 대성전 단청 보수. 1975년 동재 보수.	
전남	강진(康津)	강진군 강진읍 동성리	1398년	1613년 사마재 건립. 1858년 향교 중수. 1901·1919년 대성전 중수. 1935년 명륜당 중수.	
	고흥(高興)	고흥군 고흥읍 행정리	1441년	정유재란 때 소실. 1700년 중건. 1817년 양사재 건립. 1828년 대성전 중수. 1955년 홍살문 건립.	
	곡성(谷城)	곡성군 곡성읍 교촌리	1570년	1619년 중수. 1685년 중수.	
	광양(光陽)	광양시 광양읍 우산리	1397년	임진왜란 때 소실. 1613년 대성전 중수. 1966년 풍화루 중건. 1971년 명륜당 중건.	
	구례(求禮)	구례군 구례읍 봉서리	1413년	1499년 폐치. 1518년 백련동 서북쪽에 새로 설립. 1704년 현재 위치로 이건. 1825년 명륜당 중수. 1864·1871·1918·1954년 중수.	
	나주(羅州)	나주시 향교동	1407년	1701년 계성사 창건. 1839, 1869년 개수.	
	낙안(樂安)	순천시 낙안면 교촌리	조선 초기	1658년 군의 동쪽 농암동에서 현 위치로 이건.	
	남평(南平)	나주시 남평읍 교원리	1420년	남평현 동문 밖에 창건한 것을 1534년 남일리로 이건. 1545년 중수. 임진왜란 때 전소. 1600년 현 위치에 복원. 1921·1978년 대대적 보수.	
	능주(綾州)	화순군 능주면 남정리	1392년	능주 서쪽에 창건했으나 임진왜란 때 소실. 1600년 현 위치에 복원. 1611년 동서무 중건. 1724·1775년 중수. 1923년 명륜당, 서무 보수, 동·서재 신축.	
	담양(潭陽)	담양군 담양읍 향교리	1398년	1398년 대성전 건립. 1674년 중건. 1747년 중수.	
	돌산(突山)	여수시 돌산읍 군내리	1897년	1898년 명륜당 신축. 1899년 풍화루 신축. 1931년 대성전 중수. 1980년 명륜당 중수.	

시도	향교명	소 재 지	건립 시기	주 요 연 혁	비고
전남	동복(同福)	화순군 동복면 연월리	1445년	1543년 중수. 1564년 교리로 이건. 1655년 화재로 위패가 소실되자 국가에서 현을 없애고 화순에 편입시킴. 1664년 복현되어 향교도 복원. 1714년 독상리로 이전. 1756년 현 위치로 이건. 한국전쟁 때 불탐. 1959년 대성전만 중수.	
	무안(務安)	무안군 무안읍 교촌리	1394년	공수산에 창건한 것을 호환이 심하여 1470년 현 위치로 이건. 임진왜란 때 황폐. 1689년 전면 중수. 1790 · 1820 · 1892 · 1902년 보수. 해방후 복원.	
	보성(寶城)	보성군 보성읍 보성리	1397년	주봉리 구계동에 창건한 것이 정유재란 때 소실. 1602년 현 위치에 중건. 1832년 중수. 1875년 대성전 중수. 1899년 명륜당 보수. 1921년 전면 보수. 1931년 명륜당 중건. 1950년 향교 전체 중건. 1971년 동서무 중건. 1984~1986년 명륜당 복원.	
	순천(順天)	순천시 금곡동	1407년	1550년 이건. 임진왜란 때 소실. 1801년 현 위치로 이건.	
	여수(麗水)	여수시 군자동	1897년	1959년 중수.	
	영광(靈光)	영광군 영광읍 교촌리	조선 초기	1583년 현 위치에 중건. 임진왜란 때 소실 뒤 복원.	
	영암(靈岩)	영암군 영암읍 교동리	1420년	임진왜란 때 소실된 후 현 위치에 중건. 1918년 보통학교를 설립했으나 화재로 소실. 1922년 중건. 한국전쟁 때 불에 탐. 1951년 대성전 중건. 1963년 양사재 중건. 1969년 명륜당 중건.	
	옥과(玉果)	곡성군 옥과면 옥과리	1392년	임진왜란 때 소실. 1757년 현 위치에 중건. 1965년 향교를 유지하기 위해 위성계(衛聖契) 조직.	
	완도(莞島)	완도군 완도읍 죽청리	1897년	1967년 전면 보수.	
	장성(長城)	장성군 장성읍 성산리	1395년	1394년 북일면에 있던 오산향교를 복원. 임진왜란 때 소실. 1600년 장자동에 중건. 진원향교를 통폐합. 1658년 현 위치로 이건. 1796년 중수. 1850년 보수. 1957년 대성전 중수. 1962 · 1970년 중수.	

시도	향교명	소 재 지	건립 시기	주 요 연 혁	비고
전남	장흥(長興)	장흥군 장흥읍 교촌리	1398년	임진왜란 때 소실. 1630·1631·1632·1902·1947·1950·1957·1967·1973년 중수.	
	지도(智島)	신안군 지도읍 읍내리	1896년	1896년 지도군의 신설로 창설됨.	
	진도(珍島)	진도군 진도읍 교동리	1437년	1475년 동곡옥리로 이건. 1623년 재건. 1656년 현 위치로 이건.	
	창평(昌平)	담양군 고서면 교산리	1399년	임진왜란 때 소실된 뒤 중건.	
	함평(咸平)	함평군 대동면 향교리	조선 초기	정유재란 때 소실. 1597년 대화리에 중건. 지리가 불순하다 하여 1623년 현 위치로 이건. 1929·1956·1967·1976년 보수.	
	해남(海南)	해남군 해남읍 수성리	1412년	1482년 현 위치로 이건. 1549년 중수. 임진왜란 때 소실. 1610년 중건. 1673·1816·1866년 중수.	
	화순(和順)	화순군 화순읍 교리	1434년	정유재란 때 소실. 1611·1647년 중수. 1848·1917·1976년 보수.	
전북	고부(古阜)	정읍시 고부면 고부리	고려 말	임진왜란 때 소실. 1597년 현 위치에 중건.	
	고산(高山)	완주군 고산면 읍내리	1419년	임진왜란 때 소실. 1601년 대성전 중건. 1604년 명륜당 중건. 1966년 대성전·명륜당 보수.	
	고창(高敞)	고창군 고창읍 교촌리	고려 공민왕	공민왕 때 학당사 건립. 1512년 고창 향교로 명칭 변경. 1589년 현 위치로 이건. 1605년 대성전 중수. 1966년 명륜당 등 보수.	
	금구(金溝)	김제시 금구면 금구리	1407년	임진왜란 때 소실. 1635년 중건. 1675년 현 위치로 이건. 한국전쟁 때 퇴락. 1954년 고등공민학교 설립.	
	김제(金堤)	김제시 김제읍 교동리	1404년	임진왜란 때 소실. 1635년 중건. 1796년 현 위치로 이건. 명륜당: 임진왜란 때 소실. 1879년 중수. 한국전쟁 때 소실. 1958년 복구. 만화루: 임진왜란 때 소실, 1635년 복원.	

시도	향교명	소 재 지	건립 시기	주 요 연 혁	비고
전북	남원(南原)	남원시 향교동	1410년	대곡산 기슭에 창건한 것을 호환이 있어 1428년 덕음봉 밑으로 이건. 홍수 때 길이 막혀 1443년 현 위치로 이건. 임진왜란 때 소실. 1599년 대성전, 1609년 명륜당 중건. 1876년 화재로 유실된 명륜당을 부사 유림의 협조로 중건. 1892년 대성전 수리. 1928년 전면 중수.	
	만경(萬頃)	김제시 만경읍 만경리	1407년	송전리에 창건한 것이 1620년 소실. 1637년 현 위치에 중건. 1975년 대성전·명륜당 보수.	
	무장(茂長)	고창군 무장면 교흥리	1420년	임진왜란 때 소실. 1600년 중건. 1840년 명륜당 소실. 그뒤 중건. 1852년 동재 소실. 1853년 동재 중건. 1975년 대성전 보수.	
	무주(茂朱)	무주군 무주읍 읍내리	1452년	무주현의 동쪽에 창건한 것을 북쪽으로 이건. 호환으로 향로산 서쪽으로 이건했으나 지대가 습하여 1834년 현 위치로 이건. 1876·1884년 중수.	
	부안(扶安)	부안군 부안읍 서외리	1414년	임진왜란 때 소실. 1600년 대성전·명륜당 중건. 1607년 만화루, 1848년 양사재, 1894년 동·서재 신축.	
	순창(淳昌)	순창군 순창면 교성리	1413년	창건 뒤 옥천동으로 이건. 1560년 중수. 1661년 이건. 1694년 낙뢰로 파괴. 1713년 오산 아래 이건 중창. 한국전쟁 때 소실. 1959년 중수.	
	여산(礪山)	익산시 여산면 여산리	1402년	임진왜란 때 소실되었다가 중건. 수 차례 중수. 1917년 전면 보수. 1956·1963년 중수.	
	옥구(沃溝)	군산시 옥구읍 상평리	1403년	1484년 교동에서 광월루로 이건. 임진왜란 때 소실. 1646년 현 위치에 복원.	
	용담(龍潭)	진안군 용담면 옥거리	고려 말	정유재란 때 소실. 1664년 현 위치에 복원. 1950년 중수. 1974년 동·서재 보수.	

시도	향교명	소 재 지	건립 시기	주 요 연 혁	비고
전북	용안(龍安)	익산시 용안면 교동리	고려 말	1416년 현 위치로 이건. 임진왜란 때 소실된 뒤 중건. 1927년 화재로 대성전 등 소실. 1961년 명륜당 중건. 1966년 대성전 보수.	
	운봉(雲峰)	남원시 운봉면 산덕리	1410년	1575년 가산리로 이전. 1640년 현 위치로 이건. 1758년 중수. 1967 · 1970 · 1973년 보수.	
	익산(益山)	익산시 금마면 동고도리	1398년	임진왜란 때 소실된 뒤 중건. 1976년 서재 해체 보수.	
	임실(任實)	임실군 임실읍 이도리	1413년	임진왜란 때 일부 소실. 1854년 대성전 중수. 1869년 명륜당 보수. 1879년 대성전 중수. 1883년 서재 중수. 1885년 동재 중수. 1894년 명륜당 중수. 1907 · 1916 · 1919 · 1928 · 1941년 보수.	
	임피(臨陂)	군산시 임피면 읍내리	1403년	임진왜란 때 소실. 1630년 중건. 1710년 현 위치로 이건. 1974년 대성전 보수. 1975년 명륜당 보수.	
	장수(長水)	장수군 장수읍 장수리	1407년	장수면 선창리에 창건. 1686년 현 위치로 이건. 1877 · 1935년 중수. 1970 · 1973 · 1975년 보수. 임진왜란 때 훼손되지 않아 조선 전기 향교 형태 유지.	
	전주(全州)	전주시 완산구 교동	고려 말	경기전 근처에 있었으나, 1401년 전주성 서쪽 황화대 아래로 이건. 1603년 현 위치로 이건. 1654 · 1832 · 1879 · 1904년 중수. 1922년 명륜당 보수. 전라도 53관의 수도향교라 칭함. 1886년 홍수로 만화루 수몰.	
	정읍(井邑)	정읍시 상동	1380년	수성리 구미동에 창건. 임진왜란 때 소실. 1638년 현 위치에 복원. 1740년 명륜당 신축. 1776년 중수. 1913년 전면 보수. 1927 · 1932년 명륜당 중수.	
	진안(鎭安)	진안군 진안읍 교동	1414년	임진왜란 때 소실. 1601년 중건. 1636년 현 위치로 이건.	
	태인(泰仁)	정읍시 태인면 태성리	1386년	1510년 현 위치로 이건. 임진왜란 때 소실된 뒤 복원.	

시도	향교명	소 재 지	건립 시기	주 요 연 혁	비고
전북	함열(咸悅)	익산시 함라면 함열리	1437년	1491년 명륜당 건립. 1591년 금곡으로 이건. 임진왜란 때 소실. 영조 때 중건. 1831년 현 위치로 이건.	
	흥덕(興德)	고창군 흥덕면 교운리	1406년	1621년 현 위치로 이건. 1675년 증축. 1775년 사마재, 양사재 창건. 1838·1853·1867·1872·1885·1947·1949·1951·1955·1958년 중수.	
충남	결성(結城)	홍성군 결성면 읍내리	1010년?	임진왜란 때 소실. 1623년 중수. 1674년 중수. 1914·1923년 지방 유림의 기금으로 대대적 보수.	
	공주(公州)	공주시 공주읍 교동	미상	웅진동 숭산 기슭에 있던 것을 1623년 현 위치로 이건. 1710년 명륜당 중수. 1813년 향교 전체 중수. 1822·1839·1873년 대성전 중수. 1870년 명륜당 중수.	
	금산(錦山)	금산군 금산읍 상리	미상	처음 하옥리 백학동에 창건된 것을 1684년에 현 위치로 이건. 1967년 명륜당 보수.	
	남포(藍浦)	보령시 남포면 옥서리	조선 태종	1530년 중수. 1635년 중창. 1720년 웅천면 대창리에서 현 위치로 이건. 1975년 대성전 중수.	
	노성(魯城)	논산시 노성면 교촌리	1878년	1967·1975년 중수.	
	당진(唐津)	당진군 당진읍 읍내리	1398년	기록 전하지 않음	
	대흥(大興)	예산군 대흥면 교촌리	1405년	기록 전하지 않음	
	덕산(德山)	예산군 덕산면 사동리	조선 초기	임진왜란 때 소실. 인조 때 중건.	
	면천(沔川)	당진군 면천면 성상리	1392년	1966년 대성전·동재 보수.	
	목천(木川)	천안시 목천면 교촌리	1523년	기록 전하지 않음.	
	보령(保寧) 주포(周浦)	보령시 주포면 보령리	1723년	1868·1964·1967년 중수	
	부여(扶餘)	부여군 부여읍 동남리	조선	1700년 구교리에서 현 위치로 이건. 1872년 수선재 중수.	
	비인(庇仁)	서천군 비인면 성내리	1398년	기록 전하지 않음.	
	서산(瑞山)	서산시 서산읍 동문동	1406년	1648년 서문 밖에서 현 위치로 이건. 1970년대 수 차례 보수.	
	서천(舒川)	서천군 서천읍 군사리	1415년	1869년 등 수 차례 보수. 1983년 폭설로 대성전 붕괴 위기. 1984년 중수.	

시도	향교명	소 재 지	건립 시기	주 요 연 혁	비고
충남	석성(石城)	부여군 석성면 석성리	1623년	임진왜란 때 소실. 1636년 중건. 1950년 명륜당 보수. 1969년 동재 보수. 1972년 대성전 보수.	
	신창(新昌)	아산시 신창면 읍내리	1675년	숙종 때 창건했다는 설은 불확실. 1969·1976·1977년 보수.	
	아산(牙山)	아산시 노인면 아산리	조선 초기	1575년 아산리 동쪽 향교골에서 현 위치로 이건. 1864년 중수.	
	연기(燕岐)	연기군 남면 연기리	1416년	1865년 명륜당 중수. 1887년 현 위치로 이건. 1936년 명륜당 중수. 1949년 대성전 중수.	
	연산(連山)	논산시 연산면 관동리	1878년	1922·1933·1961·1967·1971년 중수.	
	예산(禮山)	예산군 예산읍 향천리	1413년	1785년 대성전 중수.	
	오천(鰲川)	보령시 오천면 교성리	1901년	새로 오천군이 생기면서 대성전만 건립.	
	온양(溫陽)	아산시 읍내동	조선 초기	임진왜란 때 소실. 1601년 법곡리에서 현 위치로 이건.	
	은진(恩津)	논산시 은진면 교촌리	1380년	1642년 용산리에서 현 위치로 이건. 1907·1923·1927·1934, 1954·1956·1963년 중수. 1970년 대성전, 동재 중수. 1972년 전면 개수.	
	임천(林川)	부여군 임천면 군사리	조선	1849년 명륜당, 동·서재 중수. 1924년 명륜당 중수. 1926년 대성전 중수.	
	전의(全義)	연기군 전의면 읍내리	1416년	임진왜란 때 소실. 1684년 현 위치에 중건. 1867·1891·1938·1958·1970·1972년중수.	
	정산(定山)	청양군 정산면 서정리	조선 중기	임진왜란 때 소실. 1847년 중건. 1927년 명륜당 보수.	
	직산(稷山)	천안시 직산면 군서리	1588년	임진왜란 때 소실된 뒤 중건. 1841년 중수.	
	진산(珍山)	금산군 진산면 교촌리	조선 초기	1684년 비호산 아래 중건. 1887년 명륜당 중수. 1904·1965년 대성전 중수. 1968년 전교실 신축.	
	천안(天安)	천안시 유량동	조선	1823년 명륜당 중수. 1899년 풍화루 중수	
	청양(靑陽)	청양군 청양읍 교월리	조선 초기	1851·1874·1904년 중수.	
	태안(泰安)	태안군 태안읍 동문리	1407년	초가인 것을 세종 때 기와로 개축. 1901년 중수.	

시도	향교명	소 재 지	건립 시기	주 요 연 혁	비고
충남	한산(韓山)	서천군 한산면 지현리	1518년	1669년 유산 지방에서 현 위치로 이건. 한국전쟁 때 소실된 것을 복원.	
	해미(海美)	서산시 해미면 조학리	1407년	숙종 때, 1844·1967년 중수.	
	홍산(鴻山)	부여군 홍산면 교원리	17세기	기록 전하지않음.	
	홍주(洪州)	홍성군 홍성읍 대교리	1871년	1893년 화재로 소실된 뒤 중수. 1914년 화재로 소실. 1924년 중건.	
충북	괴산(槐山)	괴산군 괴산읍 서부리 교촌	미상	1530년 현 위치로 이건. 1587년 중창. 1647·1683년 중수. 1981년 전면 보수.	
	단양(丹陽)	단양군 단양읍 상방리	1415년	명종 때 이황이 현 위치로 이건. 영조 때 두 차례 중수. 명종 때 명륜당 건립. 정조 때 명륜당 중수. 1971·1977년 중수.	
	문의(文義)	청원군 문의면 미천리	1719년	1915년 현 위치로 이건. 1970년 명륜당 중수. 1971년 대성전 중수.	
	보은(報恩)	보은군 보은읍 교사리	조선 세종	인조 이후 수 차례 중건. 1871년 상현서원이 철폐되자 강당을 옮겨 명륜당을 지음.	
	연풍(延豊)	괴산군 연풍리 행촌리	1515년	1978년 대성전 중수. 1979년 명륜당 재건.	
	영동(永同)	영동군 영동읍 부용리	조선 선조	임진왜란 때 소실. 1660년 성내로 이건 복원. 1676년 구교리로 이건. 1754년 현 위치로 이건.	
	영춘(永春)	단양군 영춘면 상리	1399년	임진왜란 때 소실. 1614년 남천리로 이건. 화재로 소실. 1659년 눌대(訥臺)로 이건. 수해로 폐허화. 1791년 현 위치로 이건. 1811·1870·1891년 중수. 1977년 전면 보수.	
	옥천(沃川)	옥천군 옥천읍 교동리	1398년	임진왜란 때 소실된 뒤 복원. 1961년 황폐한 향교 복원. 1966·1974년 보수.	
	음성(陰城)	음성군 음성읍 읍내리	1560년	1979년 대성전 등 중수.	
	제천(堤川)	제천시 교동	1389년	1590년 현 위치로 이건. 임진왜란 때 퇴폐. 1907년 이강년 의병군이 왜군과 교전중 불에 탐. 1909년 대성전 중건. 1922년 명륜당 중건. 1980년 동재 중건. 1981년 서재 중건.	

시도	향교명	소 재 지	건립 시기	주 요 연 혁	비고
충북	진천(鎭川)	진천군 진천읍 읍내리	조선 태조	1804년 명륜당, 동·서재 중수, 풍화루 건립. 1816년 대성전 중수. 1851·1873·1935·1942·1959·1966·1967·1972년 중수.	
	청산(靑山)	옥천군 청산면 교평리	1581년	효종 때 현 위치로 이건. 1966년 중수.	
	청안(淸安)	괴산군 청안면 읍내리	조선	1703년 사마소 건립.	
	청주(淸州)	청주시 대성동	조선 초기	1444년 세종이 서책을 하사. 1683년 현 위치로 이건. 한국전쟁 때 서무 소실. 1970·1971년 전면 보수.	
	청풍(淸風)	제천시 청풍면 교리	조선	고려 충숙왕 때 창건했다는 설도 있음. 1779년 현 위치로 이건. 1823년 명륜당 중수. 1882년 중수. 1926·1946·1954년 중수.	
	충주(忠州)	충주시 교현동	1398년	임진왜란 때 소실. 1629년 현 위치에 중건. 1897년 중수. 1936년 대성전, 동·서무 중수, 명륜당 신축. 1966년 대성전 중수.	
	황간(黃澗)	영동군 황간면 남성리	1394년	1666년 토성 안으로 이건. 1752·1755년 중수. 1872년 명륜당 중수.	
	회인(懷仁)	보은군 회북면 부수리	조선 세종	1924·1941·1952·1971년중수.	
제주	대정(大靜)	남제주군 안덕면 사계리	1408년	대정현 성내에 창건한 것을 1652년 현 위치로 이건 1835년까지 세 차례 중수. 1948년 문명학원 병설 운영.	
	정의(旌義)	남제주군 표선면 성읍리	1738년	1809년 화원동으로 이건. 1849년 현 위치로 이건 1967년 보수.	
	제주(濟州)	제주시 용담동	1392년	1435년 중건. 1406년 중수. 1536년 명륜당 개축. 향학당 설립. 1582년 가락천 고령전으로 이건. 1668년 복귀. 1724년 화재로 소실. 가락천으로 이전. 1754년 남문 밖 광양으로 이건. 1793년 대성전 중수. 1827년 현 위치로 이건. 1851년 서재 건립. 1854년 계성사 건립. 1872년 중수. 1946년 중학교 설립. 1957년 학교 확장으로 동·서무 철거. 1978년 대성전 개수.	

북한의 향교 일람표

시도	향교명	소 재 지	건립 시기	주 요 연 혁	비고
강원	통천(通川)	통천군 통천면	조선 초기	1408년 중수.	
	평강(平康)	평강군 평강읍 서변리	조선 초기		
경기	강령(康翎)	옹진군 용연면 용연리	미상		
	개성(開城)	개성시	992년	992년 국자동에 국자감 설치. 충렬왕대 국학→성균관으로 개칭. 임진왜란 때 소실된 후 중건.	
	장단(長湍)	장단군 군내면	1127년		
평남	강동(江東)	강동군 강동면 아달리	조선	처음에 고천면 고성 북방에 창건. 1611년 현 위치로 이건. 1787년 개축.	
	강서(江西)	강서군 강서면 덕흥리	1516년	1740년 무학산 아래로 이건.	
	개천(价川)	개천군 조양면 봉명리	미상		
	덕천(德川)	덕천군 덕천면 읍북리	조선 초기		
	맹산(孟山)	맹산군 맹산면 수정리	조선 초기		
	삼등(三登)	강동군 삼등면 봉의리	미상		
	삼화(三和)	용강군 삼화면 내교리	조선 초기		
	상원(祥原)	중화군 상원면 신읍리	미상		
	성천(成川)	성천군 성천면 하부리	조선 초기		
	숙천(肅川)	평원군 숙천면 심정리	미상		
	순안(順安)	평원군 순안면 구교리	미상		
	순천(順川)	순천군 순천읍 창리	조선 초기		
	안주(安州)	안주군 안주읍 북문리	조선 초기		
	양덕(陽德)	양덕군 동양면 하석리	조선 초기		
	영원(寧遠)	영원군 영원면 영령리	1467년	1926년 보수.	
	영유(永柔)	평원군 평원면 괴천리	고려 말		
	용강(龍岡)	용강군 용강면 옥도리	조선 초기		
	은산(殷山)	순천군 은산면 은산리	조선 초기		
	자산(慈山)	순천군 자산면 용연리	조선 초기		

시도	향교명	소 재 지	건립 시기	주 요 연 혁	비고
평남	중화(中和)	중화군 중화면 초현리	조선 초기		
	증산(甑山)	강서군 증산면 취룡리	조선		
	평양(平壤)	평양시	조선 초기	임진왜란 때 소실. 1595년 복원. 1601년 증축.	
	함종(咸從)	강서군 함종면 함종리	조선		
평북	가산(嘉山)	박천군 가산면 동문동	미상		
	강계(江界)	강계군 강계읍 남산동	고려 인종		
	곽산(郭山)	정주군 안흥면 삼단동	조선 중기		
	구성(龜城)	구성군 구성면 좌부동	고려		
	박천(博川)	박천군 박천읍 송덕동	조선		
	벽동(碧潼)	벽동군 벽동면 일동	조선 태종		
	삭주(朔州)	삭주군 삭주면 동부동	고려 말		
	선천(宣川)	선천군 선천읍 명륜동	미상	처음에 남면 난지동 서쪽에 있던 것을 1694년에 현 위치로 이건. 1696년 대성전 증축.	
	영변(寧邊)	영변군 영변면 서부동	1127년	고려 말 쇠퇴. 1392년 복원. 부사 이광한(李光漢)이 진망산 남쪽으로 이건.	
	용천(龍川)	용천군 내중면 연곡동	1600년대		
	운산(雲山)	운산군 운산면 읍내동	고려 말		
	위원(渭原)	위원군 위원면 구읍동	조선 초기		
	의주(義州)	의주군 의주읍 향교동	조선 초기		
	이산(理山)	초산군 초산면 성서동	고려 인종	1663년 중수.	
	정주(定州)	정주군 정주읍 성내동	조선	1621년 소실. 1645년 대성전 재건. 1726년 명륜당 재건. 1759년 중수. 1774년 대성전 개축.	
	창성(昌城)	창성군 창성면 인산동	조선 초기		
	철산(鐵山)	철산군 철산읍 동천리	여말 선초		
	태천(泰川)	태천군 태천면 서부동	여말 선초		
	희천(熙川)	희천군 희천읍 읍하동	고려조		

시도	향교명	소 재 지	건립 시기	주 요 연 혁	비고
함남	갑산(甲山)	갑산군 갑산읍	조선 초기		
	고원(高原)	고원군 고원읍	조선 초기	임진왜란 뒤 현 위치로 이건. 1904년 명륜학원 설치.	
	단천(端川)	단천군 단천읍 동하리	조선 초기	임진왜란 때 소실. 1604년 중건. 복천서원(福川書院)으로 바뀜.	
	덕원(德原)	문천군	조선 초기	처음에 덕원부 서쪽에 있던 것을 동쪽으로 이건. 1942년 덕원이 문천군에 소속됨.	
	문천(文川)	문천군 문천읍	조선 태조	1490년 이건.	
	북청(北靑)	북청군 북읍 북리	조선 태조	병자호란 때 소실된 것을 찰방 유경상(劉景祥)이 중건.	
	삼수(三水)	삼수군 관흥면 삼덕리	조선 초기	처음에 객관의 서쪽에 위치. 임진왜란 뒤 현 위치로 이건.	
	안변(安邊)	안변군 안변면	1471년	1609년 중건. 1924년 대성강습소 설치.	
	영흥(永興)	영흥군 영흥읍 중흥리	고려 말	1399년 감박산(甘博山) 아래로 이건. 임진왜란 때 소실. 1601년 중건. 1606년 중수. 1629년 동서재 신축. 1669년 중수. 1908년 명륜학교 운영.	
	이원(利原)	이원군 이원면 차가동	1438년	임진왜란 때 소실. 1599년 동서재 중건. 1649년 풍영루 신축. 1673년 현 위치로 이건. 1745년 명륜당 건립. 1826년 중수.	
	정평(定平)	정평군 정평읍 사동천리	조선 초기		
	풍산(豊山)	풍산군 풍산면 신풍리	조선	1910년 군청 내로 이건.	
	함흥(咸興)	함흥시 반룡동	조선 초기	1469년 향교 안에 장도회(長都會) 설립. 1503년 중수. 임진왜란 때 소실. 1660년 동서재 건립. 1714년 현 위치로 이건.	
	홍원(洪原)	홍원군 홍원읍	조선 초기	처음에 학두봉(鶴頭峰) 아래에 창건. 임진왜란 때 소실. 1601년 대성전 복원. 1681년 북문 밖으로 이건. 1811년 옛터로 이건.	

시도	향교명	소재지	건립 시기	주요 연혁	비고
함북	경성(鏡城)	경성군 경성면 승암동	조선 초기	1871년 명륜당 개축. 1872년 대성전·동서무 개축.	
	경원(慶源)	경원군 경원면 성내동	1437년		
	경흥(慶興)	경흥군 경흥면 경흥동	조선 초기	1871년 현 위치로 이건.	
	길주(吉州)	길주군 길주읍 길북동	조선 초기		
	명천(明川)	명천군 하우면 구읍	중종	1649·1747·1841년 대성전 중수. 병자호란 때 명륜당 소실. 1650년 동서재 신축, 명륜당 개축. 1678년 동서무 신축.	
	부령(富寧)	부령군 부령면 부령동	1449년	1853년 서문 밖으로 이건.	
	온성(穩城)	온성군 온성면 동화동	1445년		
	종성(鍾城)	종성군 종성면 주산동	1441년	1575년 객사 서쪽에서 동쪽으로 이건.	
	회령(會寧)	회령군 회령읍 일동	1445년경		
황해	강음(江陰)	금천군 서북면 강음리	조선 초기		
	곡산(谷山)	곡산군 곡산면 능동리	미상		
	문화(文化)	신천군 문화면 동각리	1393년		
	배천(白川)	연백군 은천면 연동리	조선 초기	1603년 중수.	
	봉산(鳳山)	봉산군 사리원읍 경암리	조선 초기		
	서흥(瑞興)	서흥군 서흥면 화곡리	1754년		
	송화(松禾)	송화군 송화면 읍내리	1410년		
	수안(遂安)	수안군 수안면 창후리	조선		
	신계(新溪)	신계군 신계면 향교리	1530년		
	신천(信川)	신천군 신천읍 교답리	1393년	임진왜란 때 소실. 1610년 중수. 1623년 명륜당·동서재 설립.	
	안악(安岳)	안악군 안악읍 판팔리	1368년	1430년 동서재·문루 중수. 1441년 명륜당·동서무 신축. 1737년 중수.	
	연안(延安)	연백군 연안읍 연성리	1394년	성(城)의 남쪽과 동쪽으로 이건. 임진왜란 때 소실. 1704년 옛 터로 복원.	

시도	향교명	소 재 지	건립 시기	주 요 연 혁	비고
황해	옹진(甕津)	옹진군 북면 하산리	조선		
	우봉(牛峯)	금천군 우봉면 송정리	조선		
	은율(殷栗)	은율군 은율면 남천리	1396년	1514년 현(縣)의 북쪽으로 이건.	
	장련(長連)	은율군 장련면 동부리	1414년		
	장연(長淵)	장연군 장연읍 읍동리	1400년경		
	재령(載寧)	재령군 재령읍 향교리	1574년	한말 향교 내에 문창학원 개설. 1938년 오성학교로 개명하여 이전.	
	토산(兎山)	금천군 토산면 당관리	조선 중기		
	평산(平山)	평산군 평산면 빙고리	조선 초기		
	풍천(豊川)	송화군 풍해면 세교리	1700년		
	해주(海州)	해주시 옥계동	1423년		
	황주(黃州)	황주군 황주읍 덕월리	조선 초기		

(북한의 경우 1950년 이후의 향교 상황에 대해서는 정확히 알 수 없으므로 해방 이후 남한에서 발간한 북한의 도지(道誌)·군지(郡誌) 등을 참조하여 작성하였으며, 행정구역 및 향교명은 한국전쟁 이전을 기준으로 함)

참고 문헌

『강릉향교지』, 강릉향교·강릉유도회, 1982.

『강진향교지』, 강진향교, 1981.

『고창향교지』, 고창향교, 1965.

『곡성향교지』, 곡성향교, 1966.

『나주향교지』, 나주향교, 1947.

『능주향교지』, 능주향교, 1960.

『담양향교지』, 담양향교, 1964.

『삼척교지』, 삼척향교, 1980.

『양산교지』, 양산향교, 1981.

『완도향교지』, 완도향교지편찬위원회, 1980.

『전주향교지』, 전주향교지편찬소, 1953.

『풍기향교지』, 풍기향교, 1986.

『함안교지』, 함안향교, 1982.

『횡성향교지』, 횡성향교지발간위원회, 1978.

『흥덕향교지』, 흥덕향교, 1970.

김광수, 「나말여초의 지방 학교 문제」, 『한국사연구』 7, 한국사연구회, 1972.

김명우, 「조선시대 향교 교관에 관한 고찰」, 『한국근현대이행기 사회연구』 신서원, 2000.

김호일, 「조선 후기 향교 조사보고-전라남북도편」, 『한국사학』 5, 한국정신문화연구원, 1983.

―――, 「조선 후기 향교 조사연구-충청남북도 및 강원도편」, 『중앙

사론』 4, 중앙대학교 사학연구회, 1985.

박찬수, 「고려시대의 향교」, 『한국사연구』 42, 한국사연구회, 1983.

송찬식, 「조선 후기 교원생고」, 『국민대논문집』 11, 국민대학교, 1977.

신천식, 「조선 전기 향교 직관 변천고」, 『관대논문집』 6, 관동대학교, 1978.

신해순, 「조선 초기 교관의 실태-사학·향교 교관의 비교육적 측면을 중심으로」, 『남계조좌호박사화갑기념논총』, 1977.

이범직, 「조선 전기의 교생 신분」, 『한국사론』 3, 서울대학교 인문대학 국사학과, 1976.

이성무, 「조선 초기의 향교」, 『이상옥 박사 회갑기념 논문집』, 1970.

이춘희, 「조선조의 향교 문고에 관한 연구」, 『도서관학』 5, 한국도서관학회, 1978.

한동일, 「조선시대 향교 교육 제도의 연구」, 성균관대학교 박사학위 논문, 1981.

강대민, 『한국의 향교 연구』, 경성대학교 출판부, 1992.

강원도, 『강원도 향교·서원·사찰지』, 1992.

김지민, 『한국의 유교 건축』, 발언, 1996.

부산산업대학교 부설 향토문화연구소, 『부산·경남향교 기문』, 1986.

서울대학교·경기도, 『경기도 향교·서원 건축 조사 보고서』, 1986.

양대연 편, 『태학지』, 중앙평론신문, 1970.

영남대학교 민족문화연구소, 『경북향교지』, 1991.

─────────────, 『경북향교자료집성』, 1992.

윤희면, 『조선 후기 향교 연구』, 일조각, 1990.

전라남도, 『전남의 향교』, 1987.

빛깔있는 책들 102-49

한국의 향교

글   —김호일
사진   —유남해

발행인   —장세우
발행처   —주식회사 대원사

편집   —황병욱
총무   —김인태, 정문철, 김영원

초판 1쇄 —2000년 3월 15일 발행
초판 3쇄 —2010년 2월 12일 발행

주식회사 대원사
우편번호/140-901
서울 용산구 후암동 358-17
전화번호/(02) 757-6717~9
팩시밀리/(02) 775-8043
등록번호/제 3-191호
http://www.daewonsa.co.kr

 값 13,000원

Daewonsa Publishing Co., Ltd.
Printed in Korea(2000)

ISBN 89-369-0235-0 04380

빛깔있는 책들